公務員試験

畑中敦子の「数的推理」勝者の解き方トレーニング

畑中敦子　著

エクシア出版

JN116956

は じ め に

　公務員試験の教養試験や基礎能力試験において、数的推理は出題数の多い重要科目です。

　その内容は、中学校レベルの数学や算数であり、得意な人であれば最小限の対策で高得点を狙える「おいしい科目」なのですが、多くの受験生がこの科目に苦戦しているのが現状です。つまり、数学に苦手意識のある受験生が多いということですね。

　そのような受験生の方の苦手意識を取り除くような参考書を作りたい、そういう思いで作られたのが、本書の姉妹書である『「数的推理」勝者の解き方 敗者の落とし穴』です。この本は、津田秀樹先生と私の共著で、今までの参考書に類を見ないほど、1問の解説に多くのページ数を使い、**とことん丁寧**に解説した、まさに、「**数学嫌いの救世主**」ともいうべき1冊になりました。

　しかし、同書では、1問の解説が丁寧であるため、あまり多くの問題数を掲載できず、問題演習の量としては不十分なものがありました。

　そのため、同書の読者からは「もっと多くの問題を解きたい」という要望が多く、そのような声に応えて作られたのが本書です。

　当然ですが、本書も『勝者の解き方 敗者の落とし穴』同様、**近年の出題数順の構成**に従っています。

　よく出るところを重点的に、しかも出る順に解くことは大変効率の良い学習方法といえるからです。

　一通り学習した方や苦手意識のない方、また、あまり時間のない方は、本書をしっかり解くことで、近年の傾向とポイントを押さえることができるでしょう。

　本書がご活用頂いた皆さんのお役に立てますよう、そして、皆さんが志望先に合格できますよう、スタッフ一同心よりお祈りしております。

　　　　　　　　　　　　　　　　　　　　　　　　　　　畑中敦子

本書の見方と使い方

1
最新の過去問を中心に問題を
セレクトしてあります。
何も表記がない問題はオリジ
ナル問題です。

No 1

　Aは運動場を時速8.0kmで走り始め、1.0km走ることに時速2.0km
ずつスピードを上げて走った。Aが走り始めてから20分間で走る
ことのできる距離として正しいのはどれか。

1　3.25km　　**2**　3.35km　　**3**　3.45km

4　3.55km　　**5**　3.65km

警視庁Ⅰ類　2011年度

2
その問題についての
ひと言コメントです。

この問題は　**速さの基本公式を使って計算する問題です。**

🌱 解くための下ごしらえ

時速8.0kmで走り始める
1.0km走るごとに時速2.0kmずつ上げる
20分間で走ることができる距離は？

3
問題文に書いてある
条件をわかりやすく
整理します。
問題によっては必要
のない場合もありま
すが、この作業をす
ることで、頭の中で
情報が整理でき、解
法の糸口を見つけや
すくなるでしょう。

👁 目のつけ所

　「20分」で式を立てようとか考えてはいけません。ちょうど20分後にど
の速さで何km走っているかはわかりませんからね。
　まずは、時速8.0kmで1.0kmの時間を求めましょう。基本公式に従って計
算すればいいですね。その後は、時速2.0km上げて、時速10.0kmで1.0km
走る時間を求めます。その時間の累計が20分になるまで計算してみましょ
う。

4
この問題を解くために、どこに着目すればいいのかを説明しています。
「取っかかり」に気づけるようになれば、数的処理が得意科目になる
こと間違いなしです。

5

公務員試験は時間との戦いでも
あるため、最短・最速で解ける
方法を解説しています。

 解説　　正解は **2**

　まず、時速8.0kmから始めて、時速を2.0kmずつ上げ、
それぞれの速さで1.0kmを走るのにかかる時間を順
に計算すると次のようになります。

 公式！

速さ＝距離÷時間
時間＝距離÷速さ
距離＝速さ×時間

6

「公式」「定理」「法則」
「性質」など、問題を
解く、あるいは理解す
るために必要な情報を
タイミングよく紹介し
ています。

$$
\begin{aligned}
\text{時速8.0km} &\rightarrow \frac{1.0}{8.0}=\frac{1}{8}\,(\text{時間}) \rightarrow 60\text{分}\times\frac{1}{8}=7.5\text{分}\\[4pt]
\text{時速10.0km} &\rightarrow \frac{1.0}{10.0}=\frac{1}{10}\,(\text{時間}) \rightarrow 60\text{分}\times\frac{1}{10}=6.0\text{分}\\[4pt]
\text{時速12.0km} &\rightarrow \frac{1.0}{12.0}=\frac{1}{12}\,(\text{時間}) \rightarrow 60\text{分}\times\frac{1}{12}=5.0\text{分}
\end{aligned}
$$

　ここまでの合計時間は7.5＋6.0＋5.0＝18.5（分）ですから、残りの1.5

（分）を時速14.0kmで走ると、$14.0\times\dfrac{1.5}{60}=\dfrac{7}{20}=0.35$（km）走ることが

でき、合計で3.35kmとわかります。
　よって、選択肢2が正解です。

畑中敦子の「数的推理」
勝者の解き方トレーニング

目　次

● はじめに
● 本書の見方と使い方

第1章　整　数

第2章　平面図形

第3章　場合の数

第4章 確率

第5章 立体図形

第6章　速　さ

第7章　比と割合

第8章 集合算

第9章 数 列

第10章　仕事算

第11章　ニュートン算

第12章　n進法

第1章
整　数

ある子ども会のイベントに子ども50人が参加し、A、B、Cの3グループのいずれかに分かれた。主催者側がそれぞれのグループに飴を100個ずつ配った。それぞれのグループ内では全員がなるべく多く同じ数ずつ受け取れるように配ると、Aグループでは9個余り、Bグループでは5個余った。このとき、Cグループの人数として、最も妥当なのはどれか。

1　16人　　**2**　17人　　**3**　18人　　**4**　19人　　**5**　20人

東京消防庁Ⅰ類　2013年度

 この問題は　約数を求める問題です。

解くための下ごしらえ

50人→A、B、Cに分ける
各グループに飴を100個ずつ配る
Aグループ→9個余る
Bグループ→5個余る
Cグループの人数は？

目のつけ所

　まず、Aグループですが、100個の飴を分けて9個余るということは、配られた飴は91個ですね。つまり、Aグループの人数×1人に配られた飴の数＝91個ということですから、Aグループの人数は91を割って割り切れる数、つまり91の約数です。
　そして、「9個余る」ということは、その人数は10人以上ですよね。9人以下ならもう1個ずつ配ることができるわけです。「割る数」は「余り」

より大きい数であることも忘れないようにしましょう。

 **解説**　　正解は **3**

　Ａグループで 9 個余ったので、配られた飴は 100 − 9 = 91（個）ですから、子どもの人数は**91の約数**とわかります。

　91 を 2 数の積に分解すると、**91＝7×13**の 1 通りだけですから、 7 人に 13 個ずつ、もしくは、13 人に 7 個ずつ配ったことになりますが、 7 人であれば、残る 9 個を**もう 1 個ずつ配ること**ができますので、子どもの人数は**13人**とわかります。

　同様に、Ｂグループの人数は 100 − 5 = 95の約数で、**95＝5×19**ですが、この場合も 5 人であれば20個ずつ配ることができますから、**19人に 5 個**ずつ配ったとわかります。

　これより、Ａグループ13人、Ｂグループ19人で、Ｃグループの人数は、50 − 13 − 19 = 18（人）となり、選択肢 3 が正解です。

No2

　56を割ると 2 余り、75を割ると 3 余るような正の整数のうち、最大のものと最小のものとの差として、正しいのはどれか。

　1　8　　**2**　10　　**3**　12　　**4**　14　　**5**　16

警視庁Ⅰ類　2015 年度

 **この問題は**　　**公約数を求める問題です。**

解くための下ごしらえ

56を割ると２余る
75を割ると３余る
最大のものと最小のものの差は？

 目のつけ所

　一見、余りの問題（次のNo.３、４のようなタイプ）に見えますが、「○を割ると△余る」と「○で割ると△余る」はちがいますので注意しましょう。
　本問は、56から余りの２を除いた数を割って割り切れる数、つまり約数を考える問題ですね。そして、条件が２つありますので「公約数」を求める問題となります。

 解説　　　正解は**3**

　56を割ると２余る整数は、56−2＝54を割ると割りきれる整数になります。
　同様に、75を割ると３余る整数は、75−3＝72を割ると割りきれる整数になります。
　これより、その整数は、54を割っても72を割っても割り切れる数、つまり、**54と72の公約数**になります。
　54と72の最大公約数は、右の計算より、2×3×3＝18となりますので、求める整数で**最大のものは18**です。
　また、最小のものについては、最大公約数18の約数である、1、2、3、6、9、18はいずれも54と72の公約数となりますが、この数で割って３余るわけですから、割る数は３より大きいことになり、**最小のものは6**となります。

$$
\begin{array}{r|rr}
2) & 54 & 72 \\
\hline
3) & 27 & 36 \\
\hline
3) & 9 & 12 \\
\hline
 & 3 & 4
\end{array}
$$

　よって、求める差は、18−6＝12となり、選択肢3が正解です。

No.3

1,000より小さい正の整数のうち、4で割ると3余り、かつ5で割ると4余る数の個数として、正しいのはどれか。

1 50個　　**2** 51個　　**3** 52個　　**4** 53個　　**5** 54個

警視庁Ⅰ類　2015年度

この問題は **余りの問題の典型的なタイプです。**

解くための下ごしらえ

1000より小さい正の整数
4で割ると3余る
5で割ると4余る
個数は？

目のつけ所

本問は「○で割ると△余る」という余りの問題の典型です。

このような問題は、①余りが同じ、②不足が同じ、③どっちもバラバラ、の3パターンに分かれます。4で割った余りは「3」、5で割った余りは「4」ですから、①でないのはわかりますね。では、不足のほうはどうでしょう？

解説　　　正解は 1

4で割ると「3余る」ということは、あと1あれば割り切れるので、「1不足する」と同じ意味です。同様に、5で割ると4余るのも「1不足」ですから、この数は、4で割っても5で割っても1不足する、つまり、4と5の公倍数より1だけ小さい数と考えられます。

4と5の最小公倍数は20ですから、20の倍数より1小さい数で、$20n-1$（nは整数）と表し、1000より小さい正の整数で最小の数と最大の数を探します。

> **公式！**
>
> Aで割ってもBで割ってもC余る数
> →AとBの公倍数＋C
> Aで割ってもBで割ってもC不足する数
> →AとBの公倍数－C

まず、最小の数は、$n=1$のときの、$20-1=19$ですね。最大の数ですが、1000に一番近い20の倍数を考えると、$n=50$のときで、$20×50-1=999$とわかります。

これより、$n=1$から$n=50$までで、nの個数は50個ですから、このような数も50個あるとわかり、選択肢1が正解です。

No 4

> 7を足すと5で割り切れ、かつ、8を引くと6で割り切れる3桁の自然数をAとし、4で割ると1余り、かつ、9で割ると2余る3桁の自然数をBとするとき、A＋Bの最小値として、正しいのはどれか。
>
> **1** 226　　**2** 227　　**3** 228　　**4** 229　　**5** 230
>
> 東京都Ⅰ類A　2010年度

この問題は　余りの問題ですが、やや応用レベルです。

解くための下ごしらえ

3桁の自然数A、B
A→7を足すと5で割り切れ、8を引くと6で割り切れる
B→4で割ると1余り、9で割ると2余る
A＋Bの最小値は？

 ## 目のつけ所

　Bのほうは、No.3と同様の形になっていますので、こちらから考えましょう。余りは「1」と「2」でバラバラ、不足のほうも「4−1＝3」と「9−2＝7」でバラバラですね。しかし、このような場合でも「4と9の公倍数＋○」の形にできます。ここはやり方を覚えましょう。

　そして、Aのほうですが、これもBと同じような形に書き換えることができますよ。

 正解は **4**

　求めるのはA＋Bの最小値ですから、A、Bそれぞれの最小値を求めて足します。

　まず、Bから先に考えます。4で割ると1余る数と9で割ると2余る数は、**余りも不足もバラバラなので**、次のようにそれぞれいくつか書き上げて、**ともに満たす最小の数を探します**。

①4で割ると1余る　→　1　5　9　13　17　21　25　**29**　33　…
②9で割ると2余る　→　2　11　20　**29**　38　…

　ここで、①と②に共通する最小の数は**29**とわかりました。そうすると、このまま続きを書き上げていくと、①は4ずつ増え、②は9ずつ増えま

すので、次に現れる共通の数は、4と9の最小公倍数である36を足した、29 + 36 = 65とわかります。

その後も同様に、36増えたところで共通の数が現れるので、この数は「29 + 36の倍数」と考えられ、$36m + 29$（mは整数）と表せます。

条件より、Bは3桁の数なので、最小では、$m = 2$のとき、$36 \times 2 + 29 = 101$とわかります。

次にAですが、7を足すと5で割り切れるということは、5で割り切れる数に7足りないので、「5で割ると7不足」ということです。しかし、7はまだ5で割れ、7÷5の余りは2ですから、「5で割ると2不足」となります。

> **公式！**
>
> Aで割るとC余りBで割るとD余る数
> （余りも不足も不一致の場合）
> →AとBの公倍数＋条件を満たす最小の数

同様に、8を引くと6で割り切れる数は、6で割り切れる数より8多いので「6で割ると8余る数」ですが、8もまだ6で割れ、8÷6の余りは2ですから、「6で割ると2余る」となります。

ここで、やはり余りも不足も一致していませんので、共通する最初の数を探します。

---

①5で割ると2不足 → 3 8 13 18 23 …
②6で割ると2余る → 2 8 14 …

これより、最小の数は8で、5と6の最小公倍数は30ですから、このような数は$30n + 8$（nは整数）と表せます。

Aもまた3桁の数ですから、その最小の数を探すと、$n = 4$のとき、$30 \times 4 + 8 = 128$とわかります。

よって、A＋Bの最小値は、128 + 101 = 229となり、選択肢4が正解です。

No.5

　「10、11」のように二つの連続する 2 桁の整数を、それぞれ 2 乗して足し合わせた数のうち、一の位が 3 となるのはいくつあるか。

1　12　　**2**　14　　**3**　16　　**4**　18　　**5**　20

国家専門職　2012 年度

この問題は 「一の位」の性質に着目した問題です。

解くための下ごしらえ

2 つの連続する 2 桁の整数
2 乗して足し合わせた一の位が 3
いくつある？

目のつけ所

　2 桁の整数で連続する 2 数は山ほどあります。これらをすべて 2 乗して足してみるわけにはいきませんね。

　考えるのは一の位が 3 になるかどうかだけです。どんな大きな数でも足し算とかけ算の結果の一の位は、**それぞれの一の位だけでわかります**。たとえば、「65903×97115」の一の位は、「3×5＝15」の「5」ですよね。そこだけ考えればいいのです。

　「2乗して足し合わせた数の一の位」は、それぞれの数の一の位を2乗した数の一の位どうしを足せば求められます。

　たとえば、「15、16」の場合であれば、「15」の一の位の「5」の2乗は「25」ですから一の位は「5」、「16」の一の位「6」の2乗は「36」で一の位は「6」で、その和は5+6＝11で、一の位は「1」とわかります。確認すると「$15^2 + 16^2 = 225 + 256 = 481$」のようになります。

　これより、まず、0〜9をそれぞれ2乗した数の一の位を確認すると次のようになります。

0	1	2	3	4	5	6	7	8	9
↓	↓	↓	↓	↓	↓	↓	↓	↓	↓
0	1	4	9	6	5	6	9	4	1

　この中で、隣同士を足し合わせて一の位が「3」になるのは、赤で示した「4+9＝13」と「9+4＝13」の2組です。

　すなわち、一の位が（2，3）の組と（7，8）の組であり、それぞれ十の位は1〜9の9通りがあります。よって、全部で2×9＝18（組）あることになり、選択肢4が正解です。

No.6

異なる4つの整数から、2つずつ選んで和を求めたところ、27・38・49・50・61・72となった。この4つの整数のうち2番目に小さいものとして、確実に言えるものはどれか。

1 15　**2** 16　**3** 17　**4** 18　**5** 19

裁判所職員　2018年度

この問題は **2数の和から考える整数問題の定番です。**

解くための下ごしらえ

異なる4つの整数
2数の和→27、38、49、50、61、72
2番目に小さい数は？

目のつけ所

4つの異なる数から2つを選ぶ方法は $_4C_2＝6$（通り）です（Cの公式は63ページ参照）。その6通りそれぞれの和が「27、38、49、50、61、72」の6個ということです。

このうち最も小さい「27」は、4つの数のうち小さいほうから2つの組合せなのはすぐにわかります。では、2番目に小さい「38」はどの組合せでしょう？　このタイプの問題は何度も出題されていますが、この「2番目の数」がすぐにわかるかで差がつきますよ。

正解は **5**

4つの整数を小さいほうからA、B、C、Dとすると、このうちの2つの和で、最も小さい「27」はAとBの和、最も大きい「72」はCとDの和となります。

また、2番目に小さい「38」は、「A＋B」の次に小さくなる組合せなので、AとBのうちの大きいほうのBと、残るCとDのうち小さいほうのCを交換した「A＋C」とわかり、同様に、2番目に大きい「61」は「B＋D」で、ここまでで次のようになります。

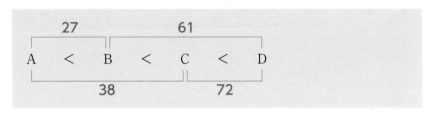

ここで、「A＋B」と「A＋C」の差はBとCの差ですが、これが38－27＝11となることがわかります。

そうすると、残る「49」と「50」は、「B＋C」と「A＋D」のいずれかですが、BとCの差は11で奇数ですから、この2数は偶数と奇数の組合せであり、その和は奇数ですから、「B＋C」は「49」で、「A＋D」が「50」とわかります。

> 🐼 **公式！**
>
> 和差算
> 2数X，Y（X＞Y）の和がm、差がnのとき、
> $X＝(m＋n)÷2$
> $Y＝(m－n)÷2$

これより、BとCについて、和が49、差が11ですから、和差算より、次のようになります。

$$C＝(49＋11)÷2＝30$$
$$B＝(49－11)÷2＝19$$

さらに、AとDは次のように求められます。

A + B = 27 に、B = 19 を代入して、A = 27 - 19 = 8
C + D = 72 に、C = 30 を代入して、D = 72 - 30 = 42

よって、4つの整数は、8、19、30、42 となり、2番目に小さいのは 19 で、選択肢5が正解です。

No.7

1、3、5、7、9の5つの数字から、異なる2つを選んで任意の2桁の整数を作る。できた2桁の整数の総和として、最も妥当なのはどれか。

1 1,100 　 **2** 1,221 　 **3** 1,321 　 **4** 1,360 　 **5** 1,469

東京消防庁 I 類　2012 年度

この問題は 各桁の数に着目して総和を考える定番問題です。

解くための下ごしらえ

1、3、5、7、9→2つ選んで2桁の整数を作る
総和は？

目のつけ所

十の位の数が5通り、それぞれについて一の位の数が4通りありますから、2桁の数は全部で 5×4＝20（通り）あります。これくらいなら全部書き上げて力づくで足してしまってもいいですが、もっと桁や数が大きくなるとそうはいきませんね。

こういう問題ですが、ポイントはそれぞれの位の合計を考えるというこ

とです。

　まず、十の位が「1」の数の合計は、「13＋15＋17＋19」ですが、十の位の合計は「10×4」、一の位の合計は「3＋5＋7＋9」で、これは5つの数のうち「1以外の4つの数の和」です。

　同様に、十の位が「3」の数の合計は、「31＋35＋37＋39」で、十の位の合計は「30×4」、一の位の合計は「3以外の4つの数の和」ですね。

　残る数についても同様に考えると、十の位、一の位のいずれも、5つの数字が同じ数だけ使われるのがわかりますよね。

正解は **1**

　十の位が「1」の場合、一の位の数はその他の4通りですから「13」「15」「17」「19」のように4つの整数ができます。

　同様に、十の位が「3」の整数も4つ、その他も同様に4つずつできます。これより、**十の位の数の総和**は次のようになります。

$$(10＋30＋50＋70＋90)×4$$
$$＝250×4$$
$$＝1000$$

　また、一の位も同様に各4つがありますので、**一の位の数の総和**は次のようになります。

$$(1＋3＋5＋7＋9)×4$$
$$＝25×4$$
$$＝100$$

　よって、これらの整数の総和は、1000＋100＝1100となり、選択肢1が正解です。

No.8

　80円、30円、10円の 3 種類の切手を、合わせて30枚、金額の合計でちょうど1,640円になるように買い求めたい。このような買い方に合致する切手の枚数の組合せは何通りあるか。

1	1 通り	**2**	2 通り	**3**	3 通り
4	4 通り	**5**	5 通り		

国家一般職　2012 年度

この問題は　**不定方程式から整数解を求める定番問題です。**

解くための下ごしらえ

3 種類の切手→80円、30円、10円
合わせて30枚→1,640円
何通り？

目のつけ所

　3 種類の切手の枚数を x、y、z と置くと、「$x+y+z=30$」「$80x+30y+10z=1640$」の 2 本の方程式が立ちますが、文字が 3 つだと式も 3 本ないとそれぞれの値は特定しません。

　では、文字を 1 つ減らして、10円切手の枚数を「$30-x-y$」と置くと、「$80x+30y+10(30-x-y)=1640$」の 1 本しか立ちませんので、どのように立てても、文字の数のほうが多く、それぞれの値は特定せず、解は無数に存在する「**不定方程式**」になります。

　しかし、求める数は整数です。しかも条件付きです。つまり、不定方程式から条件を満たす整数解だけを見つければいいわけですね。

　本問は定番です。しっかり解法を覚えましょう。

正解は **2**

80円切手の枚数を x、30円切手の枚数を y とすると、合計で30枚ですから、10円切手枚数は $30 - x - y$ と表せ、金額の合計で次のような方程式が立ちます。

$$80x + 30y + 10(30 - x - y) = 1640$$
両辺を10で割って、$8x + 3y + 30 - x - y = 164$
$$7x + 2y = 134$$
x について整理して、$x = \dfrac{134 - 2y}{7} = \dfrac{2(67 - y)}{7}$

x が整数になるには、「$67 - y$」が7の倍数になればよいので、このような y を探すと、$y = 4$、11、18、25…があり、それぞれを代入して x の値を求めると、次のようになります。

$y = 4$ のとき、$x = \dfrac{2 \times 63}{7} = 18$ ……………………………… ①

$y = 11$ のとき、$x = \dfrac{2 \times 56}{7} = 16$ ……………………………… ②

$y = 18$ のとき、$x = \dfrac{2 \times 49}{7} = 14$ ……………………………… ③

$y = 25$ のとき、$x = \dfrac{2 \times 42}{7} = 12$ ……………………………… ④

ここで、10円切手の枚数を確認すると、①の場合は $30 - 18 - 4 = 8$、②の場合は $30 - 16 - 11 = 3$ となり、題意を満たしますが、③以降は x と y の合計で30を超え、10円切手の枚数がマイナスになり、題意に反します。

よって、(80円，30円，10円) = (18，4，8) (16，11，3) の2通りとなり、選択肢2が正解です。

No9

　　ある会社の歓送迎会において、幹事が出席者を円卓の周りに座らせる方法について検討したところ、次のA〜Dのことが分かった。

　A　使用する円卓の数は決まっている。

　B　全ての円卓に8席ずつ用意すると、席が26人分余る。

　C　全ての円卓に6席ずつ用意すると、席が足りず、不足する席は16人分より多い。

　D　半数の円卓にそれぞれ8席ずつ用意し、残りの円卓にそれぞれ6席ずつ用意すると、席は余り、余る席は3人分より多い。

以上から判断して、出席者の数として、正しいのはどれか。

1　142人　　**2**　150人　　**3**　158人　　**4**　166人　　**5**　174人

東京都Ⅰ類A　2015年度

この問題は　**不等式から整数解を求める定番問題です。**

　解くための下ごしらえ

出席者を円卓の周りに座らせる

8席ずつ→席が26人分余る

6席ずつ→不足が16人分より多い

半数に8席、半数に6席→余りは3人分より多い

出席者の数は？

目のつけ所

8席、6席、半々の3パターンの条件が与えられていますが、8席の場合だけは余りが「26人分」とはっきりした数字がわかっています。まずは、これを使って出席者の人数を式にしましょう。その他は「より多い」ですから、ここは不等式の出番ですね。

 解説　正解は **2**

円卓の数をxとすると、条件Bより、出席者の人数は$8x-26$と表せます。

まず、条件Cについて、席が16人分よりもっと不足するということは、出席者は「満席＋16人」よりもっと多いということですから、ここで次のように不等式が立ちます。

$$6x+16<8x-26$$
$$-2x<-42 \qquad \therefore x>21 \quad \cdots\cdots\cdots\cdots\cdots\cdots\cdots\cdots① $$

同様に、条件Dについて、席は3人分よりもっと余るということは、出席者は「満席－3人」よりもっと少ないということですから、次のようになります。

$$8\times\frac{1}{2}x+6\times\frac{1}{2}x-3>8x-26$$
$$4x+3x-3>8x-26$$
$$-x>-23 \qquad \therefore x<23 \quad \cdots\cdots\cdots\cdots\cdots\cdots\cdots② $$

①、②より、$21<x<23$ となり、これを満たす**整数**xは22に決まります。

よって、円卓の数は22席ですから、条件Bより、出席者の人数は、$8\times22-26=150$（人）となり、選択肢2が正解です。

No. 10

A、B、Cの3人がじゃんけんを5回した。じゃんけん1回ごとに勝った人が自分の持っているボールと同じ個数のボールを、負けた2人それぞれからもらった。今、次のア〜オのことが分かっているとき、確実にいえるのはどれか。

ア　じゃんけんはいずれの回も1度で1人の勝者が決まった。

イ　Aは、1回目と2回目のじゃんけんに勝った。

ウ　Bは、3回目と4回目のじゃんけんに勝った。

エ　Cは、5回目のじゃんけんに勝ち、AとBが持っていたすべてのボールをもらい、Cの持っていたボールの個数は486個になった。

オ　じゃんけんに負けた人は、常に勝った人の持っているボールの個数以上のボールを持っていた。

1 Aが1回目のじゃんけんの前に持っていたボールの個数は338個である。

2 Bが1回目のじゃんけんの前に持っていたボールの個数は122個である。

3 Cが1回目のじゃんけんの前に持っていたボールの個数は312個である。

4 Aが2回目のじゃんけんの前に持っていたボールの個数は96個である。

5 Bが2回目のじゃんけんの前に持っていたボールの個数は78個である。

東京都I類B　2015年度

この問題は **結果から遡って考える定番の文章問題です。**

解くための下ごしらえ

A、B、Cがじゃんけんを5回
勝ったら自分の数と同じだけ2人からもらえる
A→1、2回目に勝った
B→3、4回目に勝った
C→5回目に勝った→A、Bは0個、Cは486個

目のつけ所

　最後にCが勝ってA、Bの持っていたすべてのボールをもらったということは、5回目のじゃんけんの直前では3人が同じ数だけボールを持っていたことになります。その合計が486個ですから、これを3で割れば各人が持っていたボールの個数がわかります。

　そして、4回目はBが勝ってその個数になったので…、と遡って考えていけばそれぞれの段階の状態がわかります。

　計算ミスにはくれぐれも注意してくださいね。

正解は **2**

　条件エより、5回目のじゃんけんの前には、3人が同じ数ずつ持っており、Cが勝ってすべてCのところに集まったことになります。

　これより、このとき各人が持っていた数は、486÷3＝162とわかります。

　そうすると、条件ウより、4回目のじゃんけんでBが勝って162個になったので、その前にBが持っていた数は、162÷3＝54です。

　また、AとCはBに54渡して162になったので、その前に持っていた数は、162＋54＝216となります。

　以下同様に、遡るようにボールの数を調べると次表のようになります。

	A	B	C
最初のボールの数	26	122	338
1 回目で A が勝った後	78	96	312
2 回目で A が勝った後	234	18	234
3 回目で B が勝った後	216	54	216
4 回目で B が勝った後	162	162	162
5 日目で C が勝った後	0	0	486

よって、選択肢 2 が正解です。

No 11

　　各位の数字がそれぞれ異なり、各位の数字の和が16となる 3 桁の正の整数がある。この整数のうち、一の位の数字と百の位の数字を入れ替えると、入れ替える前の整数に比べて297大きくなる整数の個数として、正しいのはどれか。

1　3 個　　**2**　4 個　　**3**　5 個　　**4**　6 個　　**5**　7 個

東京都 I 類 A　2020 年度

この問題は　**方程式を立てて解く文章問題です。**

解くための下ごしらえ

各位の数字が異なる 3 桁の正の整数→各位の数字の和が16
一の位と百の位を入れ替える→297大きくなる
整数の個数は？

目のつけ所

 **解説**　　　正解は **3**　　　

もとの整数の百の位、十の位、一の位の数字をそれぞれx、y、zとすると、この整数は、$100x+10y+z$と表せます。

そうすると、百の位と一の位の数字を入れ替えた数は、$100z+10y+x$と表せますので、条件より次のような方程式が立ちます。

$$100x+10y+z+297=100z+10y+x$$
$$99x-99z=-297$$
$$x-z=-3$$
$$\therefore x=z-3$$

これより、百の位は一の位より3小さいとわかります。百の位は1以上の数字ですから、一の位は4以上で、**各位の和が16になる**よう十の位を求めると次の①〜⑥のようになります。

	百の位	十の位	一の位
①	1	11	4
②	2	9	5
③	3	7	6
④	4	5	7
⑤	5	3	8
⑥	6	1	9

　①については、十の位が 1 桁の数字にならないので不適ですが、②～⑥はいずれも各位の数字が異なり条件を満たすことがわかります。

　よって、このような整数は 5 個あり、選択肢 3 が正解です。

No. 12

　赤玉と白玉の 2 種類の玉が全部で31個あり、赤玉 1 個の重さは 36 g、白玉 1 個の重さは24 g である。これら31個の玉を A、B、C の 3 個の箱に分けて入れた。次のことが分かっているとき、赤玉は何個か。

　　○　A の箱には赤玉だけが入っている。
　　○　B の箱には白玉だけが入っている。
　　○　C の箱には赤玉と白玉とが入っている。
　　○　箱に入っている玉の重さの合計は、A、B、C のいずれの箱も同じである。

1　9個　　**2**　10個　　**3**　11個　　**4**　12個　　**5**　13個

国家専門職　2016 年度

 この問題は　本問も、方程式を立てて解く文章問題です。

赤玉、白球が計31個

赤1個→36ｇ　白1個→24ｇ

Ａ→赤のみ　Ｂ→白のみ　Ｃ→赤と白

Ａ、Ｂ、Ｃの重さは同じ

赤は何個？

 目のつけ所

　赤玉と白玉それぞれ１個の重さの比は、36：24＝3：2です。そして、ＡとＢの重さが同じということは、それぞれに入っている玉の個数の比がわかりますね。

　あとは、31個をどのように振り分けるかです。

 　正解は **2**　

　条件より、赤玉のみのＡ、白玉のみのＢの合計の重さは同じで、赤玉と白玉の1個の重さの比は36：24＝3：2ですから、玉の個数は、Ａ：Ｂ＝2：3です。

　玉の個数の合計は31個なので、この範囲で2：3となる組合せは（2，3）（4，6）（6，9）（8，12）（10，15）（12，18）があります。

　また、Ｃには赤玉と白玉が入っており、合計の重さはＡ、Ｂと同じですから、玉の個数は、Ａ＜Ｃ＜Ｂとなり、この条件を満たす個数の組合せは、（Ａ，Ｂ，Ｃ）＝（8，12，11）に決まります。

　これより、Ａの合計の重さは、36×8＝288（ｇ）で、Ｂ、Ｃも同じ重さになります。

　ここで、Ｃの赤玉の個数をxとすると、Ｃには11個の玉が入っていますので、白玉の個数は11－xとなり、重さの合計288ｇより次のような方程

式が立ちます。

$$36x + 24(11 - x) = 288$$
両辺を12で割って、$3x + 2(11 - x) = 24$
$$3x + 22 - 2x = 24$$
$$x = 2$$

　よって、Cの赤玉は 2 個となり、Aの 8 個と合わせて、赤玉は全部で10個となり、選択肢 2 が正解です。

正の整数を入力すると、次の条件①〜⑤に従って計算した結果を出力するプログラムがある。正の整数を入力してから結果が出力されるまでを1回の操作とし、1回目の操作では初期値を入力する。また、2回目以降の操作では、その前の操作で出力された結果を入力する。

　いま、条件⑤の一部が分からなくなっているが、■には1、2、3のうちいずれかが入ることが分かっている。

　このプログラムに1を初期値として入力すると、何回目かの操作で出力された数字が10となった。このプログラムに初期値として1、2、3をそれぞれ入力したとき、それぞれの初期値に対して7回目の操作で出力される数字を合計するといくらか。

　ただし、条件に複数該当する場合は、最も番号の小さい条件だけが実行されるものとする。

［条件］
① 　入力された数字が1の場合、1足す。
② 　入力された数字が2の倍数の場合、3足す。
③ 　入力された数字が3の倍数の場合、1引く。
④ 　入力された数字が5の倍数の場合、2足す。
⑤ 　条件①〜④に該当しない場合、■引く。

1 28　　**2** 30　　**3** 32　　**4** 34　　**5** 36

国家一般職　2019年度

この問題は　規則性を考える応用問題です。

解くための下ごしらえ

① 1を入力→1足す

② 2の倍数を入力→3足す

③ 3の倍数を入力→1引く

④ 5の倍数を入力→2足す

⑤ その他→■引く　■は1、2、3のいずれか

1を入力→10になる

1、2、3を入力→出力される数の合計は?

 目のつけ所

　■さえわかれば何の苦労もないない問題ですから、■に当てはまる数を探すのが主な仕事です。与えられている結果は、1を入力して10になったということだけです。■は1、2、3のいずれかですから、それぞれ確認してみましょう。

　このような問題は、理屈で考えようとせずに、まずは手を動かしてみることが大切です。

 　　　正解は **3** 　　　

　1を入力したときに出力される数を、■が1、2、3のそれぞれの場合について確認します。

　まず、1回目の操作で1を入力すると、①より、**2が出力**されます。この2を2回目で入力すると、②より、**5が出力**されます。この5を3回目で入力すると、④より、**7が出力**されます。

　そうすると、4回目では7を入力しますが、これは⑤の操作に当たりますので、ここから■の数字で場合分けをします。

（1）■が1の場合

　4回目は1を引いて6が出力され、5回目は、条件より②の操作になりますので、9が出力されます。このあとも同様に調べると、9→8→11→10となり、ここで10が出力されることが確認できます。

（2）■が2の場合

　4回目は2を引いて5が出力され、5回目は④より、再び7が出力されます。そうすると、このあとは、7→5→7→5→…、と続きますので、10が出力されることはありません。

（3）■が3の場合

　同様に、4回目は4が出力され、5回目は②より7が出力され、このあとは、7→4→7→4→…、となり、10が出力されることはありません。

　これより、■は1とわかり、1回目の操作から10が出力されるまでを次のように整理します。

初期値	1回目	2回目	3回目	4回目	5回目	6回目	7回目	8回目
1	2	5	7	6	9	8	11	10

　では、1、2、3をそれぞれ入力したときの7回目の操作で出力される数字を確認します。

　まず、1を入力したときは、表から7回目は11が出力されます。

　次に、2を入力したときですが、表の1回目の数字が初期値になりますので、ここから7回目は、表の8回目の数字である10が出力されます。

　そして、3を入力したときですが、③より、1回目は2が出力されます。そうすると、ここからは表と一致しますので、7回目は11が出力されます。

　よって、これらの合計は、11＋10＋11＝32で、選択肢3が正解です。

第2章

平面図形

下図のような、２つの半円と中心角90°の円弧とからなる図形の斜線部分の面積として、正しいのはどれか。ただし、円周率はπとする。

1 $\dfrac{a^2}{2}(\pi - 2\sqrt{2})$

2 $\dfrac{a^2}{4}(\pi - 2)$

3 $\dfrac{a^2}{8}(2\pi - \sqrt{2})$

4 $\dfrac{a^2}{12}(\pi + 2)$

5 $\dfrac{a^2}{16}(2\pi + \sqrt{2})$

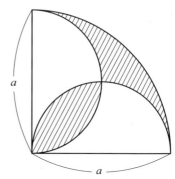

東京都Ⅰ類A　2010年度

この問題は 図形を変形して面積を求める問題です。

解くための下ごしらえ

２つの半円と中心角90°の円弧
斜線部分の面積は？

目のつけ所

　図の左下の斜線部分（円弧で囲まれたラグビーボールのような図形）に着目しましょう。このような図形は「レンズ型」といって、真ん中から半分に分けると「弓形」という図形になります。弓形はおうぎ形から三角形の面積を引くという方法で求められますよ。

解説　　　正解は **2**

　図1のようにO〜Rとし、PとQ、RとQを結ぶと、四角形OPQRは、4辺の長さがいずれも半円の半径（$\frac{a}{2}$）で等しく、∠ROP＝90°ですから、正方形となります。

　そうすると、∠OPQ＝∠ORQ＝90°で、PQ、RQはそれぞれの半円を2等分しますので、図のア〜エは同じ形（合同な弓形）になります。

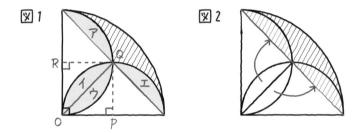

　これより、図2のようにイとウの斜線部分をアとエに移動すると、斜線部分の面積は以下のように求められます。

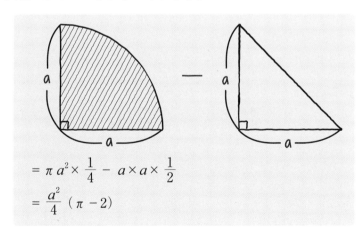

$$= \pi a^2 \times \frac{1}{4} - a \times a \times \frac{1}{2}$$
$$= \frac{a^2}{4}(\pi - 2)$$

よって、選択肢2が正解です。

No.2

　図のような、面積が36の正六角形A、Bについて、それぞれの
網掛け部分の面積の組合せとして最も妥当なのはどれか。

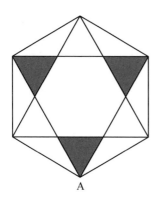

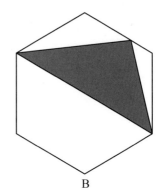

A

B

	A	B
1	4	10
2	4	12
3	4	15
4	6	10
5	6	12

国家専門職　2016 年度

この問題は　図形を分割して面積を求める問題です。

　解くための下ごしらえ

面積36の正六角形
網掛け部分の面積は？

　　　正解は **5**

　Aについて、図1のように補助線を引くと、赤い部分以外の12個の三角形はすべて辺の長さが同じなので、合同な正三角形になります。また、赤い部分の三角形2個で同じ正三角形1個になり、これが6組できますので、全部で正三角形18個分の面積になります。

　そうすると、全体の正六角形の面積は36ですから、正三角形1個の面積は36÷18＝2となり、網掛け部分は3個なので、その面積は6とわかります（選択肢4、5）。

　また、Bについて、図2のように補助線（点線）を引き、合同な6個の正三角形に分けると、1つの正三角形の面積は36÷6＝6となります。

　また、図2の網掛け部分をアとイに分け、さらに、図3のようにP～Sとすると、PQ∥RSより等積変形によって、ア、イの面積はそれぞれア´、イ´

図1

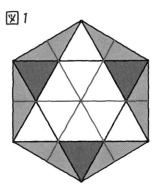

性質！

等積変形
図において△PABと△QABは、底辺ABが共通で高さも等しいので、面積は等しくなる。

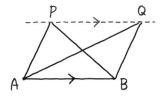

と等しくなり、その面積は6×2＝12となります。

図2

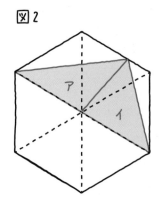

図3

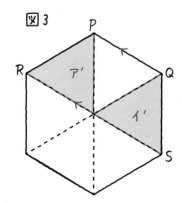

よって、選択肢5が正解です。

No3

下の図の長方形ABCDの面積は40cm²で、BC：CF＝3：1となるように点Fをとる。線分AFと辺CDとの交点をEとするとき、台形ABCEの面積として、最も妥当なのはどれか。

1 23cm²
2 24cm²
3 25cm²
4 26cm²
5 27cm²

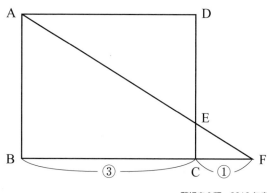

警視庁Ⅰ類　2019年度

 この問題は　**相似比から面積を求める基本的な問題です。**

解くための下ごしらえ

長方形ABCDの面積40㎠
BC：CF＝3：1
台形ABCEの面積は？

 目のつけ所

　図の中には相似な三角形がありますよね。与えられた「3：1」の比から、他の線分の比がわからないか考えてみましょう。
　求めるのは台形の面積ですが、公式に入れようと考えてはダメですよ。

 正解は **3**

　まず、AD∥BFより、△AED∽△FECがわかりますね。AD＝BCですから、AD：FC＝3：1となり、ここから、DE：CE＝3：1がわかります。

　これより、図1のように、EからBCに平行な線GEを引いて長方形ABCDを分割すると、長方形AGEDと長方形GBCEの面積比は3：1になりますから、それぞれ30㎠と10㎠とわかります。

　さらに、長方形AGEDは対角線AEによって二等分されますから、図2のように、それぞれ15㎠となります。

 定理！

平行線と線分比
図において、△ABC∽△ADEより、以下のことが成り立つ
AB：AD＝AC：AE＝BC：DE
AD：DB＝AE：EC

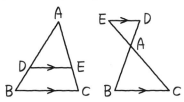

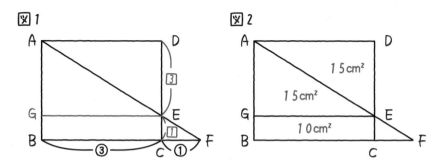

図1 　　　　　　　　　　　図2

よって、台形ABCEの面積は、15＋10＝25（㎠）となり、選択肢3が正解です。

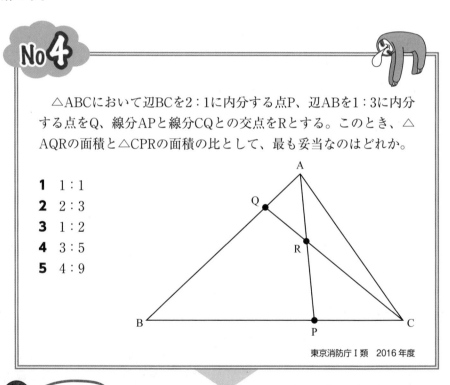

No4

　　△ABCにおいて辺BCを2：1に内分する点P、辺ABを1：3に内分する点をQ、線分APと線分CQとの交点をRとする。このとき、△AQRの面積と△CPRの面積の比として、最も妥当なのはどれか。

1　1：1
2　2：3
3　1：2
4　3：5
5　4：9

東京消防庁Ⅰ類　2016年度

この問題は　　**底辺分割の定理を使う問題です。**

解くための下ごしらえ

BP：PC＝2：1
AQ：QB＝1：3
△AQRと△CPRの面積比は？

 目のつけ所

　辺の比が与えられていますので、平行線があれば相似な三角形を作れますね。

　あと、三角形の面積比を問われる問題では、底辺分割の定理の出番もけっこう多いです。

　本問では、求める△AQRと△CPRは底辺を共にしていませんが、これらと底辺を共にする△ARCに着目して面積比を考えてみましょう。

 正解は **3**

　図1のように、3つの三角形をア、イ、ウとします。底辺分割の定理より、ア：イ＝QR：RC、イ：ウ＝AR：RPなので、これらの辺の比がわかれば、3つの三角形の面積比もわかります。

定理！

底辺分割の定理
図において、△ABDと△ACDは高さが同じなので、底辺の比がそのまま面積の比になる。

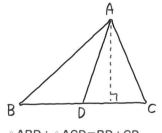

△ABD：△ACD＝BD：CD

図1

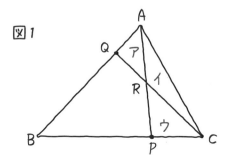

まず、図2のように、Qを通ってBCに平行な線を引き、APとの交点をSとすると、次の①、②の相似な三角形ができますね。

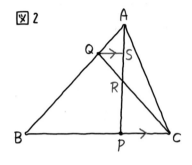

図2

$$\triangle AQS \backsim \triangle ABP \quad \cdots\cdots\cdots\cdots ①$$
$$\triangle QRS \backsim \triangle CRP \quad \cdots\cdots\cdots\cdots ②$$

　AQ：QB＝1：3より、AQ：AB＝1：4ですから、①の相似比は1：4となり、QS：BP＝1：4がわかりますね。

　さらに、BP：PC＝2：1＝4：2ですから、QS：BP：PC＝1：4：2より、QS：PC＝1：2がわかり、②の相似比は1：2とわかります。

　これより、QR：RC＝1：2で、**ア：イ＝1：2**となります。

　また、同時に、SR：PR＝1：2もわかりますね。さらに、AQ：QB＝1：3より、AS：SP＝1：3ですから、AS：SR：RP＝1：1：2となり、ここから、AR：RP＝1：1がわかります。これより、**イ：ウ＝1：1**となり、イとウの面積は同じとわかりますね。

　よって、**ア：ウ＝1：2**となり、これが求める面積比で、選択肢3が正解です。

下図のように、長方形ABCDを辺ABに平行な直線7本で、8つの同じ大きさの長方形に分割し、AとE、BとDをそれぞれ直線で結んだとき、斜線部分アとイの面積の比として、正しいのはどれか。

ア：イ
1　2：3
2　4：5
3　5：7
4　7：11
5　8：13

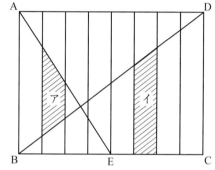

東京都Ⅰ類B　2012年度

この問題は　**相似比から面積比を求める問題です。**

解くための下ごしらえ

長方形を平行線で8つに分割
斜線部分アとイの面積比は？

目のつけ所

　平行線がたくさんありますので、平行線と線分比の形が使えそうですね。
　まず、△BCDに着目すると、大小様々な相似な三角形があります。相似な図形の面積の比は相似比の2乗ですから、それぞれの面積比がわかります。求めるアとイは台形ですが、大きな三角形と小さな三角形の面積の引き算で求められますよ。

図1のように、△BCDについて、それぞれの図形を①～⑧とし、①の面積を1としてそれぞれの面積を表します。

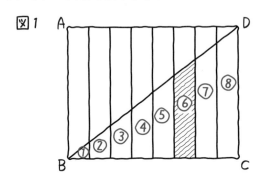

図1

①の三角形と、①＋②の三角形は相似で、相似比は1：2ですから、面積比は1：4になり、①の面積が1なら、①＋②の面積は4ですから、②の面積は4－1＝3となります。

また、①＋②の三角形と、①＋②＋③の三角形も相似で、相似比2：3で、面積比4：9ですから、③の面積は9－4＝5となり、同様に計算すると以下のようになります。

> **法則！**
>
> 相似比 $a:b$ のとき
> 面積比→$a^2:b^2$
> 体積比→$a^3:b^3$

①→1	⑤→25－16＝9
②→4－1＝3	⑥→36－25＝11
③→9－4＝5	⑦→49－36＝13
④→16－9＝7	⑧→64－49＝15

ここで、図2のようにF、Gとすると、△BEG∽△DFGで、BE＝DFより、EG＝FGが言え、EG＝$\frac{1}{2}$EFとわかります。

そうすると、△AEFの面積は、△BEGの2倍となりますから、図の⑨の面積も①の2倍の2で、⑨＋⑩の面積も、①＋②の2倍で8ですから、⑩の面積は8－2＝6となります。

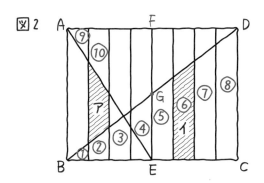

図2

これより、アとイの面積を確認すると、まず、イは図の⑥ですから**面積は11です。**

また、**ア＋⑩で⑦と合同ですから、アの面積は、⑦－⑩より13－6＝7**となり、**ア：イ＝7：11で、選択肢4が正解です。**

No6

　図のように、縦24cm、横32cmの長方形ABCDを対角線BDで折って、点Cに移った点を点C′とする。辺ADと辺BC′の交点を点Pとしたとき、線分APの長さはいくらか。

1　6cm

2　$4\sqrt{3}$cm

3　7cm

4　8cm

5　$5\sqrt{3}$cm

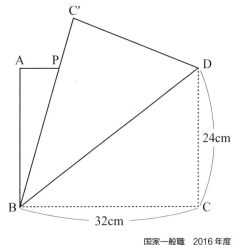

国家一般職　2016年度

この問題は　**三平方の定理と相似を使って解く問題です。**

解くための下ごしらえ

長方形ABCD→24×32
対角線から折る
APの長さは？

 ## 目のつけ所

　長方形を対角線から分けた△ABDと
△CDBは合同な2つの直角三角形になり
ます。直角三角形は2辺がわかれば三
平方の定理から残る1辺がわかります
ね。これらの直角三角形の直角をはさ
む2辺は、24cmと32cmですが、24と32
はともに8で割ると、24：32＝3：4に
なりますので、$\sqrt{3^2+4^2}=\sqrt{25}=5$より、
3辺比が「3：4：5」の形とわかります。

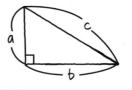

📖 定理！

三平方の定理
以下の直角三角形において、
$a^2+b^2=c^2$が成り立つ。

この形はよく出てくるので、計算せずともわかるようにしておきましょう。
　そして、対角線から折ることで、これら2つの直角三角形を重ねた形は
左右対称になります。
　その図の中に、さらにこれらと相似な図形、つまり「3：4：5」の直角
三角形が現れますよ。

 正解は **3**

　「目のつけ所」で示したように、
△ABDと△CDBは合同な「3：4：5」
の直角三角形となり、BDの長さは5
×8＝40（cm）となります。

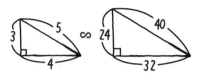

　BDで折った図形は、2つの合同な直角三角形を向きを変えて重ねたわ
けですから左右対称となります。

　ここで、図のように、PからBDに垂線PQを下ろすと、この線から左右
対称になるので、△PBQと△PDQもまた合同な直角三角形となり、さら
に、これらの直角三角形は、△ABDや△C′DBと、図の●の角と直角の2
角が等しく相似になりますので、やはり、「3：4：5」の形とわかります。

　これより、△PDQについて、
QD：PD＝4：5となり、QD
＝$\frac{1}{2}$BD＝20cmより、PD＝20
×$\frac{5}{4}$＝25（cm）とわかります。

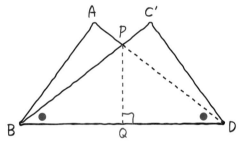

　よって、求めるAPは、AD
−PD＝32−25＝7（cm）で、
選択肢3が正解です。

No.7

下の図のように、1辺の長さが5cmの正方形ABCDの頂点A、
Dと辺BCの中点Eに円Oを重ねる。辺BCが円Oの接線、点Eが接点
であるとき、円Oの直径はいくらか。

1 5.50cm
2 5.75cm
3 6.00cm
4 6.25cm
5 6.50cm

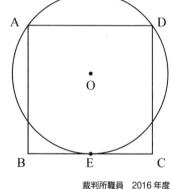

裁判所職員　2016年度

この問題は ▶ 三平方の定理を使えるよう補助線を引いて考える問題です。

解くための下ごしらえ

1辺5cmの正方形ABCD
A、D、BCの中点Eを通る円O
円Oの直径は？

目のつけ所

　半径がわかれば直径もわかりますので、まずは、円Oの中心とA、D、E
を結ぶ半径を描きましょう。その半径を1辺とする直角三角形が作れたら、
三平方の定理が使えそうですね。

 解説　　　正解は **4**

ADの中点をFとして図のようにEとF、OとA、OとDを結ぶと、図は**左右対称**ですから、EFはOを通ります。

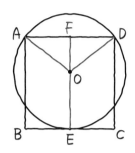

OA、OD、OEはいずれも**円の半径**で、これをrとすると、△AOFについて、AF$= \dfrac{5}{2}$、OF$= 5 - r$、OA$= r$となり、三平方の定理より次のように方程式が立ちます。

$$\left(\frac{5}{2}\right)^2 + (5 - r)^2 = r^2$$

$$\frac{25}{4} + 25 - 10r + r^2 = r^2$$

$$-10r = -\frac{125}{4}$$

$$\therefore r = 3.125$$

これより、円の半径は3.125cmとわかります。直径は**3.125×2＝6.25（cm）**となり、選択肢 4 が正解です。

右図のように、大きい円が一辺の長さ2aの正三角形に内接し、小さい円が正三角形の二辺と大きい円とに接しているとき、大きい円と小さい円の面積の計として、正しいのはどれか。

1 $\dfrac{5}{18}\pi a^2$

2 $\dfrac{5}{27}\pi a^2$

3 $\dfrac{10}{27}\pi a^2$

4 $\dfrac{5}{54}\pi a^2$

5 $\dfrac{25}{54}\pi a^2$

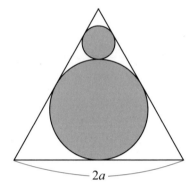

2a

東京都Ⅰ類B　2011年度

この問題は **相似な図形と三角形の重心の定理を使う問題です。**

解くための下ごしらえ

大円→１辺2aの正三角形に内接

小円→正三角形の２辺と大円に内接

大円と小円の面積の合計は？

目のつけ所

　左右対称な図形ですから、真ん中に線を引きましょう。正三角形を左右に分けると、「30°、60°、90°」の直角三角形になりますね。真ん中の線の長さはここから求められます。

　さらに、大円と小円の間に線を引いてみてください。そこから上の図は、小さい正三角形に小円が内接する図になっていますね。これは、大きい正三角形に大円が内接する図と相似になりますよ。

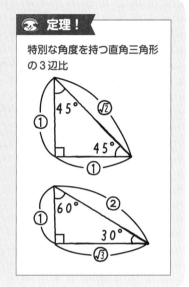

定理！

特別な角度を持つ直角三角形の3辺比

解説　　正解は **3**

　図1のように、正三角形の各頂点をA～C、BCの中点をDとしてAとDを結ぶと、△ABDは正三角形の半分で、$1:2:\sqrt{3}$の形になり、BD＝aより、AD＝$\sqrt{3}a$となります。

　ここで、図2のように大円の中心をO、大円と小円の接点をEとすると、Oは正三角形の重心になりますので、中線ADを2：1に分けます。

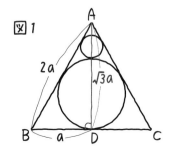

図1

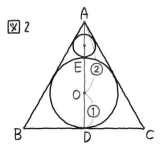

図2

これより、大円の半径ODは$\frac{\sqrt{3}a}{3}$とわかり、面積は次のようになります。

$$大円 \rightarrow \pi \times (\frac{\sqrt{3}a}{3})^2 = \frac{1}{3}\pi a^2$$

また、AO：OD=2：1、OE=ODより、AE=EO=ODとなり、AE：AD=1：3がわかります。

さらに、図3のようにEを通りBCに平行な線FGを引くと、△AFG∽△ABCで相似比は1：3ですから、それぞれの内接円である小円と大円の比も1：3で、面積比は1：9となります。

これより、小円の面積は大円の$\frac{1}{9}$で、次のようになります。

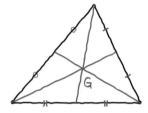
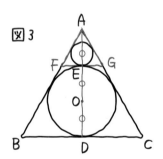

図3

$$小円 \rightarrow \frac{1}{3}\pi a^2 \times \frac{1}{9} = \frac{1}{27}\pi a^2$$

$$大円 + 小円 \rightarrow \frac{1}{3}\pi a^2 + \frac{1}{27}\pi a^2 = \frac{10}{27}\pi a^2$$

よって、選択肢3が正解です。

No.9

　図において、円Ｏは三角形ABCの外接円で、ABは直径である。また、直線DTは点Cで円Ｏと接しており、Dは接線とABの延長線との交点である。∠BDC=32°であるとき、∠ACTの大きさはいくらか。

1 61°
2 62°
3 63°
4 64°
5 65°

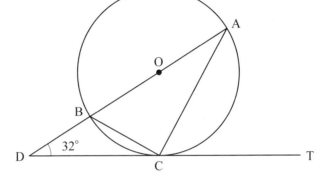

この問題は 円周角の定理と接弦定理を使う問題です。

解くための下ごしらえ

円Ｏは三角形ABCの外接円
DTは接線　Cは接点
ABは直径　∠BDC＝32°
∠ACTの大きさは？

目のつけ所

　円と接線があり、接点Cを頂点とする三角形ABCが円に内接しています。この形を見たら「接弦定理」の出番ですね。等しくなる角度を探してみましょう。

まず、接弦定理より、図のx、yの2組の角度はそれぞれ等しいとわかります。

$\angle AOB = 180°$ですから、円周角の定理より、$\angle ACB = 90°$で、三角形ABCは直角三角形となりますね。ここから、$x + y = 90°$がわかります。

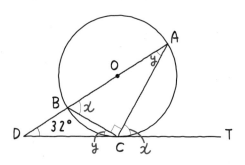

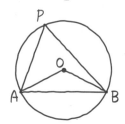

また、△BDCについて、三角形の外角の定理より、$32° + y = x$がわかります。

これより、次の連立方程式を解きます。

$$x + y = 90 \quad \cdots ①$$
$$32 + y = x \quad \cdots ②$$

②を①に代入して、
$$32 + y + y = 90$$
$$32 + 2y = 90$$
$$2y = 58 \quad \therefore y = 29$$
$y = 29$を②に代入して、
$$x = 32 + 29 = 61$$

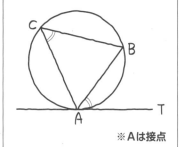

※Aは接点

よって、求める∠ACT（x）は61°で、選択肢 1 が正解です。

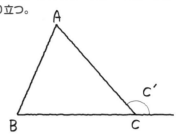

🐼 **定理！**

三角形の外角の定理
図において、∠A＋∠B＝180°−∠C＝∠C′
が成り立つ。

No 10

次の図において、xとyの値の組合せとして正しいものはどれか。

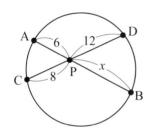

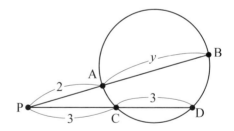

	x	y
1	14	6
2	14	7
3	16	5
4	16	6
5	16	7

裁判所職員　2019 年度

この問題は **円周角の定理と内接四角形の定理を使う問題です。**

解くための下ごしらえ

円と直線の図
xとyの値は？

 目のつけ所

　長さを求めるのですから、相似な図形や三平方の定理が使える図形などがあるはずです。
　円の定理は**角度**が関係しますので、これらの定理から**等しい角度**がわかれば**相似な図形**が見つかるかもしれません。定理が使えるよう補助線を引いてみましょう。

 正解は <u>**5**</u>

　まず、左側の図について、図1のように、AとC、BとDを結びます。
　そうすると、$\overset{\frown}{\text{BC}}$の円周角は等しいので、∠CAP＝∠BDPであり、同様に、$\overset{\frown}{\text{AD}}$の円周角も等しいので、∠ACP＝∠DBPとなり、2角が等しいので、△ACP∽△DBPがわかります。
　これより、xは次のように求められます。

図1

CP：BP＝AP：DPより、
$8：x＝6：12$
$8：x＝1：2$　　∴$x＝16$

　次に、右側の図についても図2のように、AとC、BとDを結びます。
　この図で、四角形ACDBは円に内接しますので、内接四角形の定理より、∠ABD＝∠ACP、∠BDC＝∠PACとなり、△PBD∽△PCAがわかります。

図２

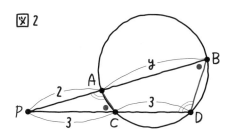

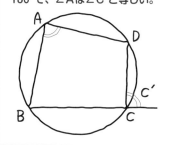

定理！

内接四角形の定理
図において、円に内接する四角形
の向かい合う∠Aと∠Cの和は
180°で、∠Aは∠C´と等しい。

これより、yは次のように求められます。

$$PB : PD = PC : PA より、$$
$$(2+y) : (3+3) = 3 : 2$$
$$(2+y) : 6 = 3 : 2$$
$$2+y = 9 \quad \therefore y = 7$$

よって、選択肢５が正解です。

No 11

図のような四角形ABCDにおいて、三角形ABDの内接円と三角
形BCDの内接円の半
径の比はいくらか。

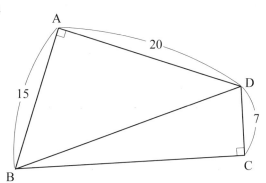

1 2：1
2 3：2
3 4：3
4 5：3
5 5：4

この問題は　**接線の性質を使った問題です。**

解くための下ごしらえ

2つの直角三角形
内接円の半径の比は？

 目のつけ所

　三角形に円が内接している図においては、円から見ると三角形の各辺は接線になります。接線の持つ性質を使ってみましょう。特に直角三角形に円が内接する場合は、内接円の中心と接点を結ぶと**正方形**ができるのがポイントとなりますよ。

 解説　　　　正解は **4**

　△ABDは、直角をはさむ2辺が15：20＝3：4なので、「3：4：5の直角三角形」となり、BD＝25となります。

　ここで、図のように、△ABDの内接円Oを描き、各辺との接点をP、Q、Rとして、四角形APORを描くと、接線の性質よりOP⊥AB、OR⊥ADで∠PARも90°ですから、**すべての角は90°**となり、さらに、**OP＝OR（半径）**なので、この四角形は**正方形**になります。

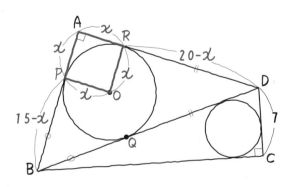

これより、円Oの半径をxとすると、AP＝AR＝xですから、BP＝15－x、DR＝20－xと表せ、さらに、BP＝BQ、DR＝DQ、BQ＋DQ＝25より、次のように方程式が立ちます。

$$(15 - x) + (20 - x) = 25$$
$$-2x = -10 \qquad \therefore x = 5$$

よって、△ABDの内接円の半径は5となります。

次に、△BCDについて、BD＝25、CD＝7ですから、三平方の定理より、BC＝$\sqrt{25^2 - 7^2} = \sqrt{625 - 49} = \sqrt{576} = 24$となります。

これより、△BCDの内接円の半径をyとすると、同様に次のような方程式が立ちます。

$$(24 - y) + (7 - y) = 25$$
$$-2y = -6 \qquad \therefore y = 3$$

よって、△BCDの内接円の半径は3となり、**求める比は5：3**で、選択肢4が正解です。

性質！

接線の性質
①円の中心と接点を結ぶ半径は、接線と垂直に交わる。

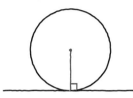

②円外の1点から1つの円に引いた2本の接線の長さは等しい。

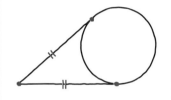

第3章
場合の数

赤、青、黄の色鉛筆を合計10本買うことにした。どの色も最低1本は買い、また青鉛筆よりも赤鉛筆を多く買う場合、その買い方は何通りあるか。

1 16通り　　**2** 17通り　　**3** 18通り

4 19通り　　**5** 20通り

裁判所職員　2016年度

この問題は　**樹形図を描いて数える問題です。**

 ## 解くための下ごしらえ

赤、青、黄の色鉛筆10本
どの色も1本以上
青＜赤
何通りか？

 ## 目のつけ所

10本の分け方を考えます。「青＜赤」の条件がなければ、計算で求めることもできそうですが、ここは樹形図を描きながら丁寧に数えたほうがいいでしょう。

正解は **1**

　赤は青より多く買うので、2本以上買うことになり、ここから樹形図を描いて確認すると次のようになります。

```
赤      青      黄
2 ————— 1 ————— 7
3 ————— 1 ————— 6
        2 ————— 5
4 ————— 1 ————— 5
        2 ————— 4
        3 ————— 3
5 ————— 1 ————— 4
        2 ————— 3
        3 ————— 2
        4 ————— 1
6 ————— 1 ————— 3
        2 ————— 2
        3 ————— 1
7 ————— 1 ————— 2
        2 ————— 1
8 ————— 1 ————— 1
```

　よって、**16通り**となり、選択肢1が正解です。

桂馬飛びとは、あるマス目の位置から、縦横いずれかの方向に2マス、さらにその方向に向かった左右いずれかの隣り合うマス目に1マス移動することを言う。たとえば、下図の1のマス目から桂馬飛びを1回行った移動先は、7又は10のマス目である。

　下図における1〜11までのいずれかのマス目から始めて、4回の桂馬飛びによって、開始地点を含めた同じマス目を重複して移動することなく、12のマス目に到達することが可能なマス目の個数として、最も妥当なのはどれか。

1　3
2　4
3　5
4　6
5　7

1	2	3	4
5	6	7	8
9	10	11	12

警視庁Ⅰ類　2015年度

この問題は　**条件を満たす方法を場合分けして数える問題です。**

 解くための下ごしらえ

桂馬飛びで移動する
1〜11のいずれかから始めて4回移動
同じマス目は通らない
12のマス目に到達できるマス目の個数は？

目のつけ所

　1〜11のそれぞれから始めて4回移動する手順を考えると気が遠くなりますが、要するに12に到達できるかどうか考えるだけです。
　4回目で12に到達するには3回目でどこに行けばいいか、そのためには2回目は？　と考えていくと、それほど大した作業は必要ありませんよ。

正解は **2**

　4回目に12のマスに到達するには、 3回目で3または6のマスに移動する必要があり、次のように場合分けします。

（1）3回目で3のマスに移動する方法

　2回目で5または10のマスに移動します（12は4回目と重複するのでNG）。

　5に移動する場合、 1回目で11に移動しますので、**スタートは2または4**になります。

　また、10に移動する場合、 1回目で1または8に移動しますので、それぞれ**スタートは7と2**になります。

　よって、次の4通りです。

```
2  →  11  →  5  →  3  →  12
4  →  11  →  5  →  3  →  12
7  →  1   →  10 →  3  →  12
2  →  8   →  10 →  3  →  12
```

（2）3回目で6のマスに移動する方法

　2回目で4に移動しますので、 1回目で11に移動し、**スタートは2または5**になります。

　よって、次の2通りです。

$$2 \rightarrow 11 \rightarrow 4 \rightarrow 6 \rightarrow 12$$
$$5 \rightarrow 11 \rightarrow 4 \rightarrow 6 \rightarrow 12$$

以上より、4回目に12のマスに到達することが可能なマス目は2、4、5、7の4個となり、選択肢2が正解です。

No.3

　1ダースの缶ジュースがあり、毎日必ずその1本か2本を飲んで1週間かけて飲み終えるとき、配分の仕方は何通りか。

1　21通り　　**2**　22通り　　**3**　23通り

4　24通り　　**5**　25通り

警視庁Ⅰ類　2010年度

 この問題は　**組合せの公式を使う基本問題です。**

解くための下ごしらえ

1ダースの缶ジュース
毎日1本か2本
1週間で飲み終える配分の仕方は何通り？

 目のつけ所

　12本を7日で分けるというより、毎日必ず1本は飲むので、1本だけの日と2本飲む日の分け方を考えてみるといいでしょう。

解説　　　正解は **1**

　毎日1本ずつ飲むと7本で、残りは12−7＝5（本）ですから、2本飲む日が5日間、1本だけの日が2日間となります。

　7日間のうち、1本だけの2日間を選ぶ方法は、

$_7C_2=\dfrac{7\times6}{2\times1}=21$（通り）で、選択肢

1が正解です。

公式！

組合せの公式
異なるn個からr個を選ぶ方法

nから始めてr個

$\rightarrow {}_nC_r=\dfrac{n\times(n-1)\times(n-2)\cdots}{r\times(r-1)\cdots\times1}$

rから始めて1まで

No.**4**

　大人3人、子供3人の6人家族がいる。ア〜ウの条件にしたがって、1人以上が外出をする方法は何通りあるか。

　ア　子供だけで外出をすることはない。

　イ　必ず1人以上が留守番をする。

　ウ　子供が1人で留守番をすることはない。

1　49通り　　**2**　52通り　　**3**　56通り

4　59通り　　**5**　62通り

 この問題は　**場合分けをして組合せの計算をする問題です。**

解くための下ごしらえ

大人3人、子供3人の6人家族
子供だけで外出しない
1人以上留守番
子供1人で留守番しない
1人以上外出する方法は何通り？

 目のつけ所

　外出する人数は1〜5人ですから、ここで場合分けですね。大人と子供で条件がちがいますから、注意しましょう。
　条件アについて、外出するのは「大人だけ」「大人と子供」と分けて数えてもいいですが、まず、6人から外出するメンバーの選び方を数えて、その中で「子供だけ」の方法を引いて計算する方が早いですよ。

 　　　正解は **2**

　条件イより、外出をするのは1〜5人ですので、その人数で次のように場合分けをします。

（1）1人で外出する方法
　条件アより、大人3人のうちのいずれかで、**3通り**となります。

（2）2人で外出をする方法
　6人から2人を選ぶ方法は $_6C_2 = \dfrac{6 \times 5}{2 \times 1} = 15$（通り）です。このうち、子供3人から2人を選ぶ方法が $_3C_2 = \dfrac{3 \times 2}{2 \times 1} = 3$（通り）あり、条件アより、この場合を除いて、**12通り**となります。

（3）3人で外出する方法

　　6人から3人を選ぶ方法は $_6C_3=\dfrac{6\times5\times4}{3\times2\times1}=20$（通り）で、このうち、子供3人の1通りを除いて**19通り**です。

（4）4人で外出する方法

　　留守番をする2人を選ぶ方法で、$_6C_2=\dfrac{6\times5}{2\times1}=15$（通り）です。

（5）5人で外出する方法

　　留守番は1人ですが、条件ウより大人3人のいずれかですから、**3通り**です。

　　以上より、全部で3＋12＋19＋15＋3＝52（通り）で、選択肢2が正解です。

No 5

　　0、1、2、3、4、5、6の数字が書いてある7枚のカードがある。そのうちの3枚を使って3桁の整数を作るとき、偶数は何通りできるか。

1　120通り　　**2**　115通り　　**3**　110通り

4　105通り　　**5**　100通り

裁判所職員　2020 年度

 この問題は **積の法則と和の法則を使う問題です。**

解くための下ごしらえ

0～6の7枚のカード
3枚で3桁の整数
偶数は何通り？

 目のつけ所

　偶数になるには一の位が偶数（0を含む）であればいいですね。あとは残ったカードを百の位と十の位に使えばいいわけですが、百の位に0は使えませんので気をつけてください。

 正解は **4**

　3桁の整数が偶数になるには、一の位が0、2、4、6のいずれかであればいいですね。このうち「0」だけは「百の位には使えない」という特別なルールがありますので、一の位が0の場合とその他の偶数の場合で分けて計算します。

（1）一の位が0の場合
　残る1～6の数字は、百の位、十の位のいずれにも使えますので、まず、百の位に使う数字から決めるとその方法は6通り、そのそれぞれに対して、十の位の数字は残る5通りずつあり、積の法則より次のようになります。

$$6 \times 5 = 30 （通り）\quad \cdots ①$$

法則！

積の法則（AandB）
Aが起こり、さらにBが起こる方法
　Aが何通り×Bが何通り
和の法則（AorB）
Aが起こる、またはBが起こる方法
　Aが何通り＋Bが何通り
　※ただし、AとBは同時に起こり
　得ないこと

（2）一の位が 2 、 4 、 6 の場合

この 3 通りのいずれの場合も、残る 6 個の数字に「 0 」が含まれており、これは百の位には使えませんので、**百の位に使う数字は 5 通りずつ**となります。しかし、十の位には「 0 」は使えますから、**十の位の数字も 5 通りずつ**があり、次のようになります。

$$3 \times 5 \times 5 = 75（通り）\quad \cdots ②$$

これより、①、②のいずれかの整数の作り方は、**和の法則**より、30 ＋ 75 ＝ 105（通り）となり、選択肢 4 が正解です。

No6

　1 ～ 5 の番号が書かれた 5 つのボールを青色・赤色・黄色の 3 つの箱に入れる場合の数と、区別のつかない 5 つのボールを区別のつかない 3 つの箱に入れる場合の数の差として、最も妥当なのはどれか。ただし、5 つのボールはすべて、いずれかの箱に入れるものとする。

1 180 **2** 197 **3** 204 **4** 221 **5** 238

東京消防庁 I 類　2016 年度

 この問題は **本問も、積の法則と和の法則を使う問題です。**

 ## 解くための下ごしらえ

1 ～ 5 のボールを赤、青、黄の箱に入れる
区別のない 5 つのボールを区別のない 3 つの箱に入れる
場合の数の差は？

目のつけ所

区別のつかないほうは、5個を3つに分ける数の内訳を考えるだけでいいですね。条件より、どのボールもどこかの箱に入れるということですが、どの箱にもボールが入るとは書いていないので、ボールが入っていない箱があってもいいことになります。

区別のつかないほうの数の内訳を調べたら、そのそれぞれについて、区別する方の場合の数を数えてみましょう。

 正解は **5**

まず、区別のつかないボール5個を3つに分ける方法を数えると、次の5通りとわかります。

(5, 0, 0)、(4, 1, 0)、(3, 2, 0)、(3, 1, 1)、(2, 2, 1)

それぞれの場合について、区別して入れる方法を数えます。

（1）(5, 0, 0) の場合

5個のボールを入れる箱を、赤、青、黄の3つから選ぶ方法で、**3通り**です。

（2）(4, 1, 0) の場合

4個のボールを入れる箱を選ぶ方法は3通りで、そのそれぞれについて、残る1個のボールを入れる箱を選ぶ方法は2通りずつあり、箱の選び方は、積の法則から、3×2=6（通り）です。

さらに、ボールを選ぶ方法ですが、1個だけ異なる箱に入れるので、これを1〜5から選ぶ方法で5通りです。

よって、このような入れ方は、6×5＝30（通り）あります。

（3）（3，2，0）の場合

　同様に、3個を入れる箱の選び方は3通り、2個を入れる箱の選び方は2通りで、箱の選び方は、3×2＝6（通り）です。

　さらに、ボールの選び方は、**2個をどのボールにするかを選べばいいの**で、$_5C_2＝\dfrac{5×4}{2×1}＝10$（通り）です。

　よって、このような入れ方は、6×10＝60（通り）あります。

（4）（3，1，1）の場合

　3個を入れる箱を選べば、残る2箱には**必然的に1個ずつ**になりますので、箱の選び方は**3通り**です。

　さらに、ボールの選び方は、1個をどのボールにするかを選び、もう1個をどのボールにするかを選べばいいので、5×4＝20（通り）です。

　よって、このような入れ方は、3×20＝60（通り）あります。

（5）（2，2，1）の場合

　同様に、1個を入れる箱を選べば、残る2箱には2個ずつになりますので、箱の選び方は**3通り**です。

　さらに、ボールの選び方は、まず、1個をどのボールにするか選ぶ方法は**5通り**です。次に、残る4個から片方の箱に入れる2個を選べば、あとの2個は必然的にもう片方の箱になりますので、このような方法は、$_4C_2＝\dfrac{4×3}{2×1}＝6$（通り）ですから、5×6＝30（通り）になります。

　よって、このような入れ方は、3×30＝90（通り）あります。

　以上より、区別して入れる方法は、**和の法則**より、3＋30＋60＋60＋90＝243（通り）となり、求める差は、243－5＝238で、選択肢5が正解です。

次の図のような、直角に交わる道路がある。点線部は通行することができないとき、自宅から駅まで遠回りせずに行く経路は何通りか。

1　17通り
2　23通り
3　29通り
4　35通り
5　41通り

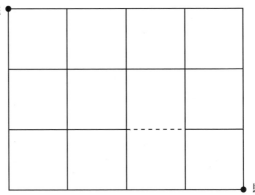

特別区Ⅰ類　2016年度

この問題は 最短経路を求める問題です。

解くための下ごしらえ

自宅から駅まで
点線部は通れない
最短経路は何通り？

目のつけ所

　最短経路は、それぞれの頂点にたどり着く方法を、足し算によって書き込んでいく解法が便利です。
　点線部分は通れないので、そこは足さないよう気をつけましょう。

正解は **2**

　図1のように、自宅から駅までの各頂点をA〜Rとし、それぞれの頂点へたどり着く方法が何通りあるか書き込んでいきます。

　自宅から駅へは、**右と下だけに進めばいいですね**。自宅から、A、B、C、D、E、J、Oへ行く方法は、それぞれまっすぐに行く1通りだけで、図2のように、「1」と記入します。

　次に、Fへ行く方法を考えると、Aから行く方法とEから行く方法があり、A、Eのそれぞれへ行く方法は1通りずつですから、**合わせて2通り**で、「2」と記入します。

　さらに、Gへ行く方法は、BからとFから行く方法があり、Bへ行く方法は1通り、Fへ行く方法は2通りですから、**合わせて3通りで**、「3」と記入します。

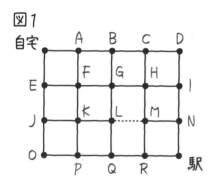

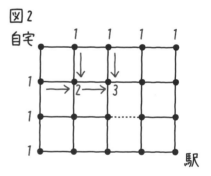

　以下、同様に、**左と上の数字を足し算する**要領で記入していきます。点線部は通れないので、MにはHから行く方法しかありませんから、**Hの数字をそのままMに移して**、図3のようになります。

図3

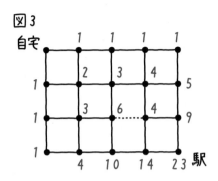

これより、駅までの最短経路は**23通り**あり、選択肢2が正解です。

No.8

下の図のように、土地が道路により正方形に区画されているとき、道路を通って地点Aから地点Bまでを最短距離で結ぶ経路の数として、正しいのはどれか。

1　　623
2　1,103
3　1,743
4　1,883
5　3,003

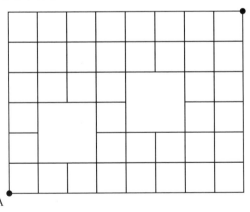

東京都 I 類A　2018 年度

　**この問題は**　最短経路のやや応用的な問題です。

解くための下ごしらえ

AからBへ最短経路は何通り？

 目のつけ所

　No.7と同様に、各頂点へ最短経路でたどり着く方法を記入していきましょう。進行方向は右上ですから、左と下の数字を足していけばいいですね。一部分空いているところがありますので、その近辺の頂点を見失わないよう、また、計算ミスのないよう気をつけましょう。

 解説　　正解は **2**

各頂点に辿り着く方法を記入すると次のようになります。

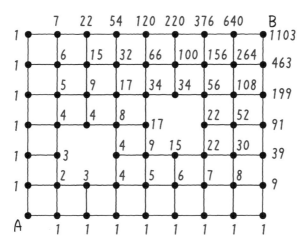

よって、1103通りとなり、選択肢2が正解です。

73

第4章

確　率

No 1

立方体のサイコロを 2 回振ったとき、出た目の数の和が素数になる確率として、正しいのはどれか。

1 $\dfrac{5}{12}$ **2** $\dfrac{7}{12}$ **3** $\dfrac{5}{18}$ **4** $\dfrac{7}{18}$ **5** $\dfrac{5}{36}$

東京都Ⅰ類A　2010年度

この問題は　場合の数を数えて確率を求める問題です。

解くための下ごしらえ

サイコロを 2 回振る
和が素数になる確率は？

目のつけ所

サイコロを 2 回振ったときの目の出方は6×6＝36（通り）で、これらはいずれも同じ確率で出ます。つまり、「同様に確からしい」わけですね。
その中で、和が素数になるのは何通りあるでしょう？　それを丁寧に数えて確率を求めます。

正解は **1**

1 回目と 2 回目の和は、最小で1＋1＝2、最大で6＋6＝12ですから、この間の素数は、 2 、 3 、 5 、 7 、11の 5 つです。
これより、それぞれの数になる（ 1 回目， 2 回目）の出方を調べると、次のようになります。

和が2　→　(1, 1)
和が3　→　(1, 2) (2, 1)
和が5　→　(1, 4) (2, 3) (3, 2) (4, 1)
和が7　→　(1, 6) (2, 5) (3, 4) (4, 3) (5, 2) (6, 1)
和が11　→　(5, 6) (6, 5)

　これより、全部で15通りとなり、目の出方は全部で36通りですから、求める確率は次のようになります。

$$\frac{15}{36} = \frac{5}{12}$$

　よって、選択肢1が正解です。

No2

　①から⑨までの数字が一つずつ書かれた9枚のカードから5枚のカードを同時に取り出す。この5枚を数字の小さい順に左から一列に並べたとき、左から2番目に⑤のカードがある場合の確率として正しいものはどれか。

1 $\frac{5}{126}$　　**2** $\frac{2}{21}$　　**3** $\frac{8}{63}$　　**4** $\frac{2}{7}$　　**5** $\frac{4}{9}$

裁判所職員　2018年度

この問題は　**本問も、場合の数を数えて確率を求める問題です。**

解くための下ごしらえ

①〜⑨の9枚のカード
5枚を取り出し小さい順に並べる
2番目が⑤の確率は？

 目のつけ所

　まず、9枚から5枚を選ぶ方法を数えましょう。これらも同様に確からしいですよね。
　その中で小さいほうから2枚目が⑤になる方法が何通りあるか数えて確率を求めます。小さいほうから2枚目が⑤ということは、⑤より小さい数が1枚しかないということです。

 　　　正解は **3**

　9枚のカードから5枚のカードを取り出す（または残す4枚を選ぶ）方法は次のようになります。

$$_9\mathrm{C}_5 = {}_9\mathrm{C}_4 = \frac{9\times8\times7\times6}{4\times3\times2\times1} = 126 \text{（通り）}$$

　条件より、取り出したカードは数字の小さい順から並べるので、**並べ方はそれぞれ1通りに決まります。**
　そうすると、この中で、左から2番目が⑤になるのは、⑤より小さいカードを1枚と、⑤と、⑤より大きいカードを3枚取り出す方法で、次のようになります。

（1）　①～④の 4 枚から 1 枚を取り出す方法　→　${}_4C_1 = 4$（通り）

（2）　⑤を取り出す方法　→　1 通り

（3）　⑥～⑨の 4 枚から 3 枚を取り出す（または 1 枚を残す）方法

　　　　→　${}_4C_3 = {}_4C_1 = 4$（通り）

（1）×（2）×（3）　→　$4 \times 1 \times 4 = 16$（通り）

これより、求める確率は次のようになります。

$$\frac{16}{126} = \frac{8}{63}$$

よって、選択肢 3 が正解です。

No.3

図のように、円周上に等間隔に並んだ12個の点から異なる 3 点を無作為に選んで三角形をつくるとき、得られた三角形が正三角形になる確率はいくらか。

1　$\dfrac{1}{110}$

2　$\dfrac{1}{55}$

3　$\dfrac{1}{33}$

4　$\dfrac{1}{12}$

5　$\dfrac{1}{11}$

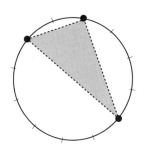

国家一般職　2012 年度

この問題は　**本問も、場合の数を数えて確率を求める問題です。**

解くための下ごしらえ

円周上に等間隔に12点
3つ選んで三角形を作る
正三角形になる確率は？

目のつけ所

　三角形の作り方は、12点から3点を選ぶ方法だけあり、それらは同様に確からしいですね。

　その中で正三角形になる方法ですが、12点の中からとりあえず1点を選んで、その点を通る正三角形を描いてみましょう。割と簡単に数えられますよ。

正解は **2**

12個の点を図1のようにA〜Lとすると、こ
こから3個を選ぶ方法は次のようになります。

図1

$$_{12}C_3 = \frac{12 \times 11 \times 10}{3 \times 2 \times 1} = 220 \text{（通り）}$$

このうち、結んで正三角形になる3点は、図
2の4通りです。

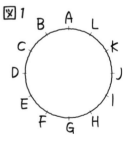

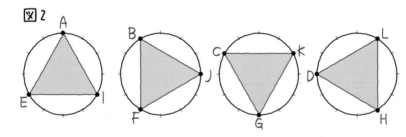
図2

これより、求める確率は次のようになります。

$$\frac{4}{220} = \frac{1}{55}$$

よって、選択肢 2 が正解です。

No.4

　　5 人の子供がじゃんけんをするとき、1 回のじゃんけんで勝者が 1 人に決まる確率として、正しいのはどれか。ただし、5 人とも、ぐう、ちょき、ぱあをそれぞれ同じ確率で出すものとする。

1 $\frac{1}{81}$　　**2** $\frac{5}{81}$　　**3** $\frac{10}{81}$　　**4** $\frac{1}{243}$　　**5** $\frac{5}{243}$

東京都 I 類 A　2013 年度

この問題は　本問も、場合の数を数えて確率を求める問題です。

解くための下ごしらえ

5 人でじゃんけん
勝者が 1 人に決まる確率は？

目のつけ所

　　5 人でじゃんけんをするときの手の出方は、3×3×3×3×3（通り）で、やはり、同様に確からしいです。その中で、勝者が 1 人に決まる方法ですが、5 人はいずれも同じ条件で、ぐう、ちょき、ぱあも皆同じ確率で出します。そうすると、誰がどの手で 1 人勝ちになるか、と考えればそれほど面倒で

はありませんよ。

 **正解は 2**

　5人の子供をA～Eとすると、それぞれについて3通りの手の出し方があありますので、全部で**3×3×3×3×3＝243（通り）**の出し方があります。
　ここで、たとえば、Aが勝つとして、その方法は次の3通りです。

A	B	C	D	E
グー	チョキ	チョキ	チョキ	チョキ
チョキ	パー	パー	パー	パー
パー	グー	グー	グー	グー

　そうすると、Bが勝つ方法も3通りあり、C、D、Eについても同様です。
　これより、勝者が1人に決まる方法は全部で**3×5＝15（通り）**あり、求める確率は次のようになります。

$$\frac{15}{243} = \frac{5}{81}$$

　よって、選択肢2が正解です。

No5

　袋Aには白玉3個と赤玉5個、袋Bには白玉4個と赤玉2個が入っている。袋Aから1個、袋Bから1個の玉をそれぞれ無作為に取り出すとき、取り出した2個が異なる色の玉である確率として、正しいのはどれか。

1 $\dfrac{1}{2}$　　**2** $\dfrac{13}{24}$　　**3** $\dfrac{7}{12}$　　**4** $\dfrac{5}{8}$　　**5** $\dfrac{2}{3}$

東京都Ⅰ類B　2019年度

この問題は　**場合の数を数える方法と乗法定理を使う方法の両方で解ける問題です。**

解くための下ごしらえ

A→白3、赤5
B→白4、赤2
A、Bから1個ずつ
異なる色になる確率は？

目のつけ所

　玉の色は白と赤だけですから、異なる色になるのは、(A，B)＝(白，赤)、(赤，白)のいずれかです。
　確率を求めるときは、同じ色の玉でもすべて区別して数えましょう。同様に確からしい状態にしなければ求められませんからね。

正解は **2**

袋Aに入っている玉は白赤合わせて8個、同様に、袋Bは6個ですから、それぞれから1個ずつ取り出す方法は8×6＝48（通り）です。

この中で、異なる色になる方法は次のようになります。

Aから白、Bから赤を取り出す方法　→　3×2＝6（通り）………①
Aから赤、Bから白を取り出す方法　→　5×4＝20（通り）……②

①＋②　→　6＋20＝26（通り）

これより、求める確率は次のようになります。

$$\frac{26}{48}=\frac{13}{24}$$

よって、選択肢2が正解です。

乗法定理と加法定理を使って計算します。

まず、（A，B）＝（白，赤）となる確率は、袋Aから白を取り出して、さらに袋Bから赤を取り出す確率ですから、**乗法定理**より次のようになります。

$$\frac{3}{8}\times\frac{2}{6}=\frac{6}{48}　……………①$$

😎 **定理！**

乗法定理（AandB）
Aが起こり、さらにBが起こる確率
　Aの確率×Bの確率
加法定理（AorB）
Aが起こる、またはBが起こる確率
　Aの確率＋Bの確率
　※ただし、AとBは同時に起こり
　　得ないこと

同様に、（A，B）＝（赤，白）となる確率は、次のようになります。

$$\frac{5}{8}\times\frac{4}{6}=\frac{20}{48}$$ ··②

これより、①または②となる確率は、次のようになります。

$$\frac{6}{48}+\frac{20}{48}=\frac{26}{48}=\frac{13}{24}$$

よって、選択肢2が正解です。

No**6**

　A、B、Cの情報伝達者がいる。情報は、AからBを経由してCに伝達する。情報の種類は〇か×の2種類である。3人とも受け取った情報をそのまま伝達する確率は80％とする。いま、Aが〇という情報を受け取ったとき、Cが×という情報を受け取る確率として、最も妥当なのはどれか。

1　8％　　**2**　16％　　**3**　24％　　**4**　32％　　**5**　40％

東京消防庁Ⅰ類　2013年度

この問題は　乗法定理と加法定理を使って確率を求める問題です。

解くための下ごしらえ

A→B→Cで情報伝達する
情報は○と×の２種類
情報をそのまま伝授する確率は80％
A○がC×と伝わる確率は？

 ## 目のつけ所

　情報は○と×の２種類ですから、そのまま伝える確率が80％なら、逆に伝える確率は20％ですね。Aの○という情報がBに○と×のどちらで伝わるかで分けて確率を計算しましょう。

 解説　　　正解は **4**

　Aが受け取った○の情報を、Bに○と伝える確率は80％、×と伝える確率は20％です。また、Bは、○と受け取った情報を×と伝える確率は20％、×と受け取った情報を×と伝える確率は80％ですから、Cが×という情報を受け取る確率は次のようになります。

A　B　C
○　○　×　→　$0.8 \times 0.2 = 0.16$ ・・・・・・・・・・・・・・・・・・・・・①
○　×　×　→　$0.2 \times 0.8 = 0.16$ ・・・・・・・・・・・・・・・・・・・・・②

①＋②　→　$0.16 + 0.16 = 0.32$

よって、**32％**となり、選択肢４が正解です。

No.7

　　当たりくじを5本含む13本のくじが入っている箱の中から1本ずつ2本のくじを引くとき、初めに引いたくじを箱に戻す引き方で当たりくじを1本だけ引く確率P_1と、初めに引いたくじを箱に戻さない引き方で当たりくじを1本だけ引く確率P_2との組み合わせとして、正しいのはどれか。

	P_1	P_2
1	$\dfrac{25}{169}$	$\dfrac{5}{39}$
2	$\dfrac{40}{169}$	$\dfrac{5}{39}$
3	$\dfrac{40}{169}$	$\dfrac{20}{39}$
4	$\dfrac{80}{169}$	$\dfrac{10}{39}$
5	$\dfrac{80}{169}$	$\dfrac{20}{39}$

東京都Ⅰ類A　2016年度

 この問題は　**本問も、乗法定理と加法定理を使って求める問題です。**

 解くための下ごしらえ

13本のくじ→当たり5本

1本ずつ2本引く

初めに引いたくじを戻す→当たり1本引く確率P_1

初めに引いたくじを戻さない→当たり1本引く確率P_2

P_1とP_2の組合せは？

目のつけ所

　当たりを1本だけ引くわけですから、1本目と2本目の片方が当たりで もう片方が外れです。それぞれに分けて確率を計算しましょう。1本目を 戻す場合と戻さない場合で、2本目に当たり（または外れ）を引く確率が 変わってきますよ。

 正解は $\underline{\underline{5}}$

　初めに引いたくじを元に戻す場合は、1本目、2本目とも、当たる確率 は $\frac{5}{13}$ で、外れる確率は $\frac{8}{13}$ ですから、P_1 は次のようになります。

$$1本目○、2本目× \quad \rightarrow \quad \frac{5}{13} \times \frac{8}{13} = \frac{40}{169} \quad \cdots\cdots\cdots ①$$

$$1本目×、2本目○ \quad \rightarrow \quad \frac{8}{13} \times \frac{5}{13} = \frac{40}{169} \quad \cdots\cdots\cdots ②$$

$$① + ② \quad \rightarrow \quad \frac{40}{169} + \frac{40}{169} = \frac{80}{169} \quad \rightarrow \quad 選択肢4または5$$

　また、元に戻さない場合は、2本目のくじの本数は12本になりますので、 P_2 は次のようになります。

$$1本目○、2本目× \quad \rightarrow \quad \frac{5}{13} \times \frac{8}{12} = \frac{40}{156} \quad \cdots\cdots\cdots ③$$

$$1本目×、2本目○ \quad \rightarrow \quad \frac{8}{13} \times \frac{5}{12} = \frac{40}{156} \quad \cdots\cdots\cdots ④$$

$$③ + ④ \quad \rightarrow \quad \frac{40}{156} + \frac{40}{156} = \frac{80}{156} = \frac{20}{39} \quad \rightarrow \quad 選択肢5$$

　よって、選択肢5が正解です。

No.8

　ある地域においては、ある日の天気と次の日の天気との関係が図のような確率遷移となることが知られている。例えば、図において、ある日の天気が晴れであったとき、次の日も晴れとなる確率は $\frac{7}{10}$ である。

　ここで、この地域のある日の天気が晴れであったとき、その後の3日間で2日以上が雨となる確率はいくらか。

ただし、1日の天気は、晴れ、曇り、雨のいずれか一つに決まるものとする。

1 $\dfrac{2}{125}$

2 $\dfrac{7}{250}$

3 $\dfrac{21}{500}$

4 $\dfrac{29}{500}$

5 $\dfrac{19}{250}$

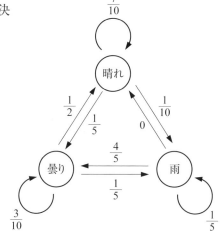

国税専門官　2010年度

 この問題は 本問も、乗法定理と加法定理を使って確率を計算する問題です。

解くための下ごしらえ

ある日の天気と次の日の天気の関係

ある日が晴れ→その後の3日間で2日以上雨の確率は？

目のつけ所

　ある日の後の３日間について、２日以上雨になる方法を考えて場合分けをします。２日以上ですから、３日とも雨の場合もカウントしますが、（雨，雨，雨）と（雨，雨，雨以外）の確率はまとめて計算する（解説の（１））とちょっと楽ですよ。

　　　正解は **4**　　　

　ある日の翌日から３日間について、２日以上雨になる確率を次のように場合分けして求めます。

（１）１日目と２日目が雨になる場合

　晴れ→雨は$\dfrac{1}{10}$、雨→雨は$\dfrac{1}{5}$です。３日目の天気は雨も含めてどの天気でも構いませんので、このような確率は次のようになります。

$$（雨，雨，ALL）\rightarrow \dfrac{1}{10}\times\dfrac{1}{5}=\dfrac{1}{50} \quad\cdots\cdots\cdots\cdots\cdots\cdots①$$

（２）１日目と３日目が雨になる場合

　２日目も雨だと（１）と重複しますので、２日目は雨以外の天気になる場合を考えますが、雨→晴れの確率は０なので、２日目は曇りとなります。

雨→曇りは$\dfrac{4}{5}$、曇り→雨は$\dfrac{1}{5}$ですから、次のようになります。

$$（雨，曇り，雨）\rightarrow \dfrac{1}{10}\times\dfrac{4}{5}\times\dfrac{1}{5}=\dfrac{4}{250} \quad\cdots\cdots\cdots②$$

（3）2日目と3日目が雨になる場合

ここでも、1日目は雨以外の天気になる場合を同様に考えると、次のようになります。

$$（晴れ，雨，雨）\rightarrow \frac{7}{10}\times\frac{1}{10}\times\frac{1}{5}=\frac{7}{500} \cdots\cdots\cdots\cdots\cdots③$$

$$（曇り，雨，雨）\rightarrow \frac{1}{5}\times\frac{1}{5}\times\frac{1}{5}=\frac{1}{125} \cdots\cdots\cdots\cdots\cdots④$$

以上より、求める確率は次のようになります。

$$①+②+③+④ \rightarrow \frac{1}{50}+\frac{4}{250}+\frac{7}{500}+\frac{1}{125}$$
$$=\frac{10+8+7+4}{500}$$
$$=\frac{29}{500}$$

よって、選択肢4が正解です。

No9

1000から9999までの4桁の整数の中から、1つの整数を無作為に選んだとき、選んだ整数の各位の数字の中に同じ数字が2つ以上含まれる確率として、正しいのはどれか。

1 $\dfrac{9}{25}$　　**2** $\dfrac{62}{125}$　　**3** $\dfrac{692}{1375}$　　**4** $\dfrac{683}{1250}$　　**5** $\dfrac{83}{125}$

東京都 I 類 B　2016 年度

この問題は　**余事象から求める問題です。**

解くための下ごしらえ

1000～9999から1つの整数を選ぶ
各位の数字に同じ数が2つ以上含まれる確率は？

 目のつけ所

　4つの数字が並んでいますので、2つ以上が同じになるのは、2つが同じ、3つが同じ、4つとも同じという方法があり、それぞれを考えるのは結構面倒です。では、余事象（そうでないほう）はどうでしょう？　同じ数字が2つ以上ないということは？　本問はこちらのほうが楽みたいですね。

 解説　　　　正解は **2**　　　

　同じ数字が2つ以上含まれる数の余事象は、すべて異なる数字でできている数なので、このような数の個数を次のように数えます。

> 千の位の数　→　1～9のいずれかで9通り
> 百の位の数　→　0～9のうち千の位の数を除く9通り
> 十の位の数　→　0～9のうち千の位と百の位の数を除く8通り
> 一の位の数　→　0～9のうち千、百、十の位の数を除く7通り

　これより、このような数は、9×9×8×7（通り）とわかります。

　1000～9999の整数の個数は9000個ですから、求める確率は、1から余事象の確率を引いて、次のようになります。

> 🐼 **定理！**
>
> **余事象**
> **Aが起こる確率＝1－Aが起こらない確率**

$$1 - \frac{9 \times 9 \times 8 \times 7}{9000} = 1 - \frac{9 \times 7}{125} = 1 - \frac{63}{125} = \frac{62}{125}$$

よって、選択肢2が正解です。

No.10

　外側から中が見えない袋に、大きさ、形、重さが一緒のコインが全部で10枚入っている。A、Bの2人が袋の中から、コインを1枚ずつ順番に合計2枚取り、合計得点の大きいものが勝ち、同じ場合は引き分けとなるゲームをする。コインの枚数は金色が1枚、銀色が2枚、赤色が7枚で、コインの得点は金色が10点、銀色が6点、赤色が1点であったとき、1回で勝負が決まる確率として、正しいものはどれか。ただし、取り出したコインは袋に戻さないこととする。

1 $\frac{13}{30}$　　**2** $\frac{17}{30}$　　**3** $\frac{19}{30}$　　**4** $\frac{23}{30}$　　**5** $\frac{29}{30}$

警視庁I類　2012年度

この問題は　**本問も、余事象から考える問題です。**

解くための下ごしらえ

10枚のコイン→A、Bが2枚ずつ取る
合計得点の大きい者が勝ち
金→1枚、10点
銀→2枚、6点
赤→7枚、1点
1回で勝負が決まる確率は？

目のつけ所

　まずは、2枚のコインの組合せとそれぞれの合計得点を出してみましょう。勝負が決まるということは、異なる得点の組合せであればいいわけで、これは結構ありますよね。では、余事象はどうでしょう？　勝負が決まらないということは、**得点が同じ**ということです。本問も余事象のほうが楽のようですね。

 　　　　正解は **4**

　2枚のコインの合計得点として考えられるのは、以下の5通りです。

（金，銀）→16点	（金，赤）→11点
（銀，銀）→12点	（銀，赤）→ 7点
（赤，赤）→ 2点	

　すなわち、どの組合せも得点が異なるので、AとBが異なる組合せのコインを取り出せば1回で勝負が決まります。
　そうすると、「勝負が決まる」の余事象＝「引き分け」は、AとBが同じ組合せで取り出す場合に限られ、このほうが求めやすいので、この確率を1から引いて求めます。
　金は1枚、銀は2枚なので、2人が同じ組合せで取り出すのが可能なのは、（銀，赤）（赤，赤）の2通りで、まず、（銀，赤）で引き分けになる場合は　次の4通りが考えられます。

A	B	A	B	
銀	銀	赤	赤	$\rightarrow \dfrac{2}{10}\times\dfrac{1}{9}\times\dfrac{7}{8}\times\dfrac{6}{7}=\dfrac{1}{60}$
銀	赤	赤	銀	$\rightarrow \dfrac{2}{10}\times\dfrac{7}{9}\times\dfrac{6}{8}\times\dfrac{1}{7}=\dfrac{1}{60}$
赤	銀	銀	赤	$\rightarrow \dfrac{7}{10}\times\dfrac{2}{9}\times\dfrac{1}{8}\times\dfrac{6}{7}=\dfrac{1}{60}$
赤	赤	銀	銀	$\rightarrow \dfrac{7}{10}\times\dfrac{6}{9}\times\dfrac{2}{8}\times\dfrac{1}{7}=\dfrac{1}{60}$

4通りの確率はすべて同じですから、これらの和は、$\dfrac{1}{60}\times4=\dfrac{1}{15}$となります。

また、（赤，赤）で引き分けになる確率は、次の通りです。

A	B	A	B	
赤	赤	赤	赤	$\rightarrow \dfrac{7}{10}\times\dfrac{6}{9}\times\dfrac{5}{8}\times\dfrac{4}{7}=\dfrac{1}{6}$

これより、求める確率は次のようになります。

$$1-\left(\dfrac{1}{15}+\dfrac{1}{6}\right)=1-\dfrac{7}{30}=\dfrac{23}{30}$$

よって、選択肢4が正解です。

あるサッカー選手がペナルティーキックを蹴るとき、ボールがゴールに入る確率は$\frac{2}{3}$である。この選手がペナルティーキックを5回蹴るとき、ボールが3回以上ゴールに入る確率として、正しいのはどれか。

1 $\frac{160}{243}$　**2** $\frac{56}{81}$　**3** $\frac{176}{243}$　**4** $\frac{184}{243}$　**5** $\frac{64}{81}$

東京都Ⅰ類Ａ　2015年度

この問題は　**反復試行の公式を使って解く問題です。**

 ## 解くための下ごしらえ

ゴールに入る確率→$\frac{2}{3}$

5回蹴る→3回以上入る確率は？

 ## 目のつけ所

　5回のうち3回入る方法は何通りもありますが、どれも同じ確率です。このような「〇回のうち△回」というときは、反復試行（独立試行）の公式を使います。

　本問は、「3回以上」ですから、3回、4回、5回の場合をそれぞれ考えます。余事象はどうでしょう？　0回、1回、2回ですね。どちらも変わらないので、今回は3回、4回、5回のほうで解きましょう。

正解は **5**

ゴールに入る確率は$\frac{2}{3}$ですから、入らない（外す）確率は$\frac{1}{3}$です。

ここで、ゴールに入る回数で、次のように場合分けをします。

（1）ゴールに3回だけ入る確率

たとえば1回目～3回目が○で、4、5回目が×ということが起こる確率は次のようになります。

1回目○　2回目○　3回目○　4回目×　5回目×

$$\frac{2}{3} \times \frac{2}{3} \times \frac{2}{3} \times \frac{1}{3} \times \frac{1}{3} = \frac{8}{3^5}$$

ゴールに3回入る方法は全部で${}_5C_3=\dfrac{5\times4\times3}{3\times2\times1}=10$（通り）あります（2回外す方法＝${}_5C_2$でも可）。

いずれの方法も順番が異なるだけで○3回と×2回の確率をかけて計算するのは同じであり、**10通りのいずれかが起こる確率**は、その確率の合計になりますので、次のような計算で求められます。

> 🐼 **公式！**
>
> **反復試行の公式**
> **Aが起こる確率がPであるとき、**
> **Aがn回のうちr回起こる確率**
> ${}_nC_r\times P_r\times(1-P)^{n-r}$

$$\left(\frac{2}{3}\right)^3 \times \left(\frac{1}{3}\right)^2 \times 10 = \frac{8}{3^5} \times 10 = \frac{80}{3^5} \quad \cdots\cdots①$$

（2）ゴールに4回だけ入る確率

同様に、4回入る＝1回外す方法は、${}_5C_1=5$（通り）ですから、次のように計算できます。

$$\left(\frac{2}{3}\right)^4 \times \frac{1}{3} \times 5 = \frac{16}{3^5} \times 5 = \frac{80}{3^5} \quad \cdots\cdots②$$

（3）ゴールに5回入る確率

5回すべて入る方法は1通りで、次のようになります。

$$\left(\frac{2}{3}\right)^5 = \frac{32}{3^5}$$ ....③

以上より、求める確率は次のようになります。

①＋②＋③　→　$\dfrac{80}{3^5} + \dfrac{80}{3^5} + \dfrac{32}{3^5} = \dfrac{192}{3^5} = \dfrac{64}{3^4} = \dfrac{64}{81}$

よって、選択肢5が正解です。

No 12

数直線上に2点A、Bがあり、点Aの座標は0、点Bの座標は6とする。コインを投げて表が出たらAは数直線の正の向きに1だけ進み、Bは負の向きに2だけ進む。裏が出たらAは正の向きに2だけ進み、Bは正の向きに1だけ進む。コインを2回、4回、6回と投げたとき、それぞれに対してA、Bが同じ座標になるときの座標xとその確率Pの組(x, P)として最も適当なのはどれか。

ただし、コインの表と裏の出る確率は等しく$\dfrac{1}{2}$とする。

	2回	4回	6回
1	$\left(2, \dfrac{1}{4}\right)$	$\left(4, \dfrac{1}{4}\right)$	$\left(10, \dfrac{1}{16}\right)$
2	$\left(2, \dfrac{1}{8}\right)$	$\left(6, \dfrac{1}{4}\right)$	$\left(10, \dfrac{1}{32}\right)$
3	$\left(2, \dfrac{1}{8}\right)$	$\left(6, \dfrac{1}{8}\right)$	$\left(10, \dfrac{1}{64}\right)$
4	$\left(2, \dfrac{1}{4}\right)$	$\left(7, \dfrac{1}{8}\right)$	$\left(12, \dfrac{1}{32}\right)$

5　$\left(2,\dfrac{1}{4}\right)$　　$\left(7,\dfrac{1}{4}\right)$　　$\left(12,\dfrac{1}{64}\right)$

裁判所職員　2013年度

 この問題は　**本問も、反復試行の公式を使う問題です。**

 ## 解くための下ごしらえ

直線状の2点　A→0、B→6
コインが表　A→＋1　B→－2
コインが裏　A→＋2　B→＋1
2回、4回、6回投げる
A、Bが同じ座標になる座標 x とその確率Pは？

 ## 目のつけ所

　同じ座標になるにはAとBの初めの距離6を縮めなければなりません。まず、コインは表のときと裏のときで、それぞれAとBの距離がどのように変化するか整理しましょう。そうすると、2回、4回、6回のうち表が何回出たらAとBの距離が0になるか考えることができますね。

 　　　　　正解は **5**

　AとBの距離は初め6ありますが、この距離が0になると、同じ座標になります。

　コインが表の場合、図のように、AとBの距離は**3だけ縮まり**、裏の場合は**1だけ縮まります**。

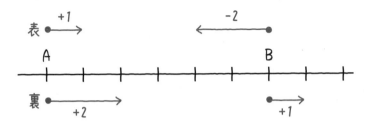

　これより、2回、4回、6回のそれぞれについて、その回数だけ3と1を組み合わせて6にする方法を考えると、確率は次のように計算できます。

（1）2回で同じ座標になる場合
　3×2＝6ですから、2回とも表が出る場合で、Aは正の方向に2進んで座標2になります。
　コインが2回とも表になる確率は次の通りです。

$$\frac{1}{2} \times \frac{1}{2} = \frac{1}{4} \quad \rightarrow \quad 選択肢1、4、5$$

（2）4回で同じ座標になる場合
　3＋1×3＝6ですから、表が1回、裏が3回出る場合で、Aは正の方向に1＋2×3＝7進んで座標7になります。
　4回のうち表が1回だけ出る方法は$_4C_1 = 4$通りですから、確率は次のようになります。

$$\frac{1}{2} \times \left(\frac{1}{2}\right)^3 \times 4 = \frac{1}{16} \times 4 = \frac{1}{4} \quad \rightarrow \quad 選択肢5$$

（3）6回で同じ座標になる場合
　1×6＝6ですから、6回とも裏が出る場合で、Aは正の方向に2×6＝12進んで座標12になります。
　6回とも裏が出る確率は次の通りです。

$$(\frac{1}{2})^6 = \frac{1}{64}$$

よって、選択肢 5 が正解です。

No 13

　自動車の故障を診断できる装置（「故障している」又は「故障していない」だけ表示される。）があり、これを故障している自動車に使用すると、99％の確率で「故障している」という正しい診断結果が出て、また、故障していない自動車に使用すると、1％の確率で「故障している」という誤った診断結果が出る。

　いま、自動車1万台のうち100台が故障していることが分かっている。この1万台の自動車の中から無作為に1台を選び、同装置を使用したところ、「故障している」という診断結果が出た。このとき、この自動車が実際に故障している確率はいくらか。

1　10％　　**2**　33％　　**3**　50％　　**4**　90％　　**5**　99％

国家一般職　2015 年度

この問題は **条件付き確率を求めるやや特殊な問題です。**

解くための下ごしらえ

故障している自動車→99％の確率で「故障している」
故障していない自動車→1％の確率で「故障している」
1万台のうち100台が故障
1台選ぶ→「故障している」と診断
実際に故障している確率は？

目のつけ所

　1万台のうち100台が故障しているわけですから、そこから選んだ1台が故障している確率は、$\frac{100}{10000}$＝1％ですね。

　しかし、本問では、「故障している」という診断結果（条件）が付いていますので、これによって、実際に故障している可能性は1％よりずっと高いことがわかります。でも、この装置は完璧ではありませんので、故障していない可能性もあります。では、どちらの可能性（確率）が高いでしょう？

　本問は、与えられた結果から求める、条件付確率というちょっと特殊な問題ですよ。

　　正解は**3**

　故障している自動車は1万台のうちの100台なので、選んだ1台が故障している確率は$\frac{100}{10000}＝\frac{1}{100}$、故障していない確率は$\frac{99}{100}$です。

　これより、起こっている可能性があるのは、以下のいずれかで、それぞれの確率は次のようになります。

（1）実際に故障している自動車を選んで、「故障している」という正しい診断結果が出る確率

$$\frac{1}{100} \times \frac{99}{100} = \frac{99}{10000} \quad\cdots\cdots\cdots\cdots\cdots\cdots\cdots\cdots\cdots\cdots\cdots① $$

（2）故障していない自動車を選んで、「故障している」という誤った診断結果が出る確率

$$\frac{99}{100} \times \frac{1}{100} = \frac{99}{10000} \quad \cdots\cdots\cdots ②$$

①と②は同じ値ですから、**確率の比は1：1**で、実際に故障している＝①が起こっている確率は$\frac{1}{2}$＝50％となり、選択肢3が正解です。

No **14**

　サイコロを振って、出た目の数に10をかけた数だけ点数が得られるゲームをする。サイコロを2回振ったときに得られる点数の期待値としてもっとも妥当なのはどれか。

1　54点　　**2**　60点　　**3**　66点　　**4**　70点　　**5**　75点

この問題は　**期待値を求める問題です。**

　解くための下ごしらえ

サイコロを振る→出た目の数×10が得点
サイコロを2回振る
得点の期待値は？

目のつけ所

　サイコロを2回振ったときの目の数は、（1，1）〜（6，6）ですから、得点は20〜120点です。期待値というのは、「大体どれ位の得点がもらえるかな〜」という値で、いわば平均値のことです。

　本問の場合、20と120のちょうど間（平均）でもいいのですが、期待値のきちんとした計算方法をここで確認してください。

 　　　正解は **4**　　　

　期待値とは、ある試行の結果として得られる数値の平均値のことで、「得られる数値×その確率」の総和で計算します。

　1〜6の目が出る確率はいずれも $\frac{1}{6}$ ですから、結果として10点を得る確率は $\frac{1}{6}$、20点を得る確率も $\frac{1}{6}$ で、その総和は次のようになります。

$$10 \times \frac{1}{6} + 20 \times \frac{1}{6} + 30 \times \frac{1}{6} + 40 \times \frac{1}{6} + 50 \times \frac{1}{6} + 60 \times \frac{1}{6}$$
$$= (10 + 20 + 30 + 40 + 50 + 60) \times \frac{1}{6}$$
$$= 210 \times \frac{1}{6}$$
$$= 35$$

　これより、サイコロを1回振って得られる点数の期待値は35点ですから、2回振った場合は35×2＝70（点）となり、選択肢4が正解です。

第5章
立体図形

No 1

　半径 2 の球の内側に 8 つの頂点が接している立方体の体積として正しいのはどれか。

1 $\dfrac{8}{3}\sqrt{3}$ 　　**2** 8 　　**3** $\dfrac{16}{3}\sqrt{3}$ 　　**4** $\dfrac{64}{9}\sqrt{3}$ 　　**5** 16

警視庁 I 類　2014 年度

 この問題は **立体の切断面から考える問題です。**

 ## 解くための下ごしらえ

半径 2 の球に内接する立方体
体積は？

 ## 目のつけ所

　立方体の体積＝（1 辺の長さ）³ ですから、1 辺の長さを求めるのが主な仕事になります。

　長さを求めるときは、「第 2 章　平面図形」でもあったように、相似や三平方の定理を使うことが多いです。いずれも、まずは平面化が必要なので、まずは、立方体を描き、どこかで切断して相似な図形か直角三角形を探してみましょう。本問は直角三角形のほうが見つけやすいですかね。

解説　　　正解は **4**

　立方体は上下左右対称ですから、**球の中心と立方体の中心は一致**します。

　すなわち、図1のように、立方体の4頂点をA〜Dとすると、球の中心は、長方形ABCDの上にあることになり、この面を通る平面で球を切断すると、図2のようになります。

図1
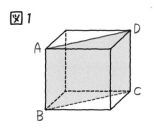

図2
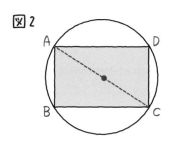

　ここで、立方体の1辺をaとすると、図2において、**AB**$= a$、**BC**$= \sqrt{2}\,a$で、**ACは球の直径**ですから4となり、直角三角形ABCにおいて、三平方の定理より次のような方程式が立ちます。

$$a^2 + (\sqrt{2}\,a)^2 = 4^2$$
$$a^2 + 2a^2 = 16$$
$$3a^2 = 16$$
$$a^2 = \frac{16}{3} \qquad \therefore a = \frac{4}{\sqrt{3}}$$

これより、立方体の体積$= a^3$は次のようになります。

$$\left(\frac{4}{\sqrt{3}}\right)^3 = \frac{4^3}{3\sqrt{3}} = \frac{64\sqrt{3}}{3\sqrt{3} \times \sqrt{3}} = \frac{64}{9}\sqrt{3}$$

よって、選択肢4が正解です。

No2

一辺の長さが2の正四面体の頂点をA、B、C、Dとする。辺CDを1：3に内分する点をHとする。辺ABと点Hを通る平面でこの正四面体を切断したときの断面の面積はいくらか。

1 $\dfrac{\sqrt{3}}{2}$　　**2** $\dfrac{\sqrt{3}}{4}$　　**3** $\dfrac{3}{2}$　　**4** $\sqrt{3}$　　**5** $\dfrac{3}{4}$

裁判所職員　2014年度

 この問題は　本問も、立体の切断面を考える問題です。

 解くための下ごしらえ

1辺が2の正四面体ABCD
CDを1：3に内分する点H
ABとHで切断→切断面の面積は？

 目のつけ所

　まずは、正四面体の図を描いてみましょう。切断面は△ABHになりますね。

　そして、この△ABHはどのような三角形になるでしょう？　ABの長さは2ですが、AHやBHの長さは求めなければなりませんね。その長さを求めるのに、ここでも三平方の定理が活躍します。AHやBHを含む直角三角形を探してみましょう。

 正解は **3**

　条件の通り図に表わすと、図1のようになります。

　ここで、AHの長さを求めるため、△ACDを図2のように描き、CDの中点をEとすると、条件より、CH：HD＝1:3ですから、CH：HE：ED＝1：1：2となり、HE＝$2 \times \frac{1}{4} = \frac{1}{2}$となります。

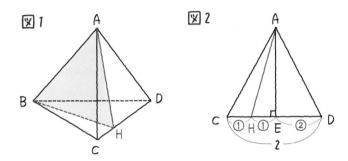

　また、△ACEは、1：2：$\sqrt{3}$の直角三角形ですから、AC＝2、CE＝1より、AE＝$\sqrt{3}$となり、これより、△AHEについて、三平方の定理より、次のようになります。

$$AH^2 = (\sqrt{3})^2 + \left(\frac{1}{2}\right)^2$$
$$AH^2 = 3 + \frac{1}{4}$$
$$AH^2 = \frac{13}{4}$$
$$\therefore AH = \frac{\sqrt{13}}{2}$$

　同様に、△BCDにおいても、BH＝$\frac{\sqrt{13}}{2}$となり、求める切断面＝△ABHは二等辺三角形とわかり、図3のようになります。

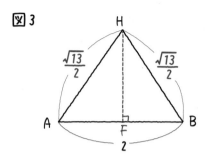

図3

$\dfrac{\sqrt{13}}{2}$　$\dfrac{\sqrt{13}}{2}$

2

　図3において、ABの中点をFとすると、△HAFは直角三角形で、AF＝1ですから、三平方の定理より、次のようになります。

$$HF^2 + 1^2 = (\dfrac{\sqrt{13}}{2})^2$$

$$HF^2 + 1 = \dfrac{13}{4}$$

$$HF^2 = \dfrac{9}{4}$$

$$\therefore HF = \dfrac{3}{2}$$

　これより、求める面積は、次のようになります。

$$\triangle HAB = 2 \times \dfrac{3}{2} \times \dfrac{1}{2} = \dfrac{3}{2}$$

　よって、選択肢3が正解です。

No.3

次の図のような、1辺の長さが8cmの立方体がある。辺ABの中点をP、辺BCの中点をQとして、この立方体を点F、P、Qを通る平面で切断したとき、△FPQを底面とする三角すいの高さはどれか。

1　$\dfrac{4}{3}$ cm

2　$\sqrt{2}$ cm

3　2 cm

4　$\dfrac{8}{3}$ cm

5　$2\sqrt{2}$ cm

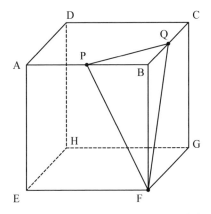

特別区Ⅰ類　2020年度

この問題は　**切断面を描いて体積を考える問題です。**

解くための下ごしらえ

1辺8cmの立方体
辺の中点P、QとFを通る面で切断
△FPQを底面とする三角すいの高さは？

目のつけ所

　△FPQを底面とした三角すいの高さを描いて、その長さを求めることもできますが、けっこう大変です。

　しかし、△FPQの面積は№2と同様の方法で求められますよね。そして、三角すいの体積もけっこう簡単に求められます。そうすると、そこから高さを求める方が楽でしょうね。

　正解は **4**

　まず、三角すいの体積を求めます。この三角すいの底面を△BPQとすると、高さはBFの長さになります。△BPQは、BP＝BQ＝4cmの直角二等辺三角形で、BF＝8cmですから、体積は次のようになります。

$$三角すいの体積 = 4 \times 4 \times \frac{1}{2} \times 8 \times \frac{1}{3} = \frac{64}{3}$$

　次に、切断面FPQの面積を求めます。まず、各辺の長さを確認すると、PQは、△BPQが1：1：$\sqrt{2}$の直角三角形ですから、PQ＝$4\sqrt{2}$cmとわかります。また、FPは、直角三角形BFPの斜辺で、BP＝4cm、BF＝8cmですから、三平方の定理より次のようになり、FQもこれと同じ長さになるのがわかりますね。

$$FP^2 = 4^2 + 8^2$$
$$FP^2 = 80$$
$$\therefore FP = \sqrt{80} = 4\sqrt{5}$$

　これより、△FPQは二等辺三角形ですから、図のように描いて、FからPQに垂線FRを引くと、PR＝$2\sqrt{2}$cmがわかります。

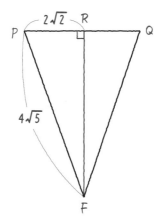

そうすると、△FPR も直角三角形なので、FR は次のようになります。

$$
\begin{aligned}
&\mathrm{FR}^2 + (2\sqrt{2})^2 = (4\sqrt{5})^2 \\
&\mathrm{FR}^2 + 8 = 80 \\
&\mathrm{FR}^2 = 72 \\
&\therefore \mathrm{FR} = \sqrt{72} = 6\sqrt{2}
\end{aligned}
$$

これより、△FPQ の面積は次のようになります。

$$
\triangle \mathrm{FPQ} = 4\sqrt{2} \times 6\sqrt{2} \times \frac{1}{2} = 24
$$

ここで、△FPQ を底面としたときの三角すいの高さを h とすると、体積について次のようになります。

$$
24 \times \mathrm{h} \times \frac{1}{3} = \frac{64}{3}
$$

両辺に 3 をかけて、24h = 64

$$
\therefore \mathrm{h} = \frac{64}{24} = \frac{8}{3}
$$

よって、選択肢 4 が正解です。

図のように、立方体に正八面体が内接しており、正八面体の頂点はいずれも立方体の各面の中心にある。このとき、立方体の体積は正八面体の体積の何倍か。

1　4倍
2　5倍
3　6倍
4　7倍
5　8倍

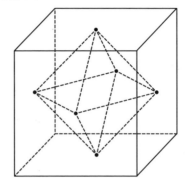

この問題は 体積を比較する問題です。

解くための下ごしらえ

立方体に正八面体が内接
正八面体の各頂点は立方体の各面の中心
立方体の体積は正八面体の何倍？

目のつけ所

　正八面体を上下に分けると、それぞれは三角すいになります。三角すいの体積＝底面積×高さ×$\frac{1}{3}$ ですが、本問では長さなどの数値が与えられていませんので、実際の体積を求めることはできませんね。

　やることは体積の比較ですから、立方体と正八面体のそれぞれの上半分（＝下半分）について、底面積と高さを比較しましょう。本問は結構簡単ですよ。

 **解説**　　　　正解は **3**

　図は上下対称ですから、上半分についてみると、立方体は**四角柱**、正八面体は**四角すい**となり、それぞれを図1のようにA、Bとします。

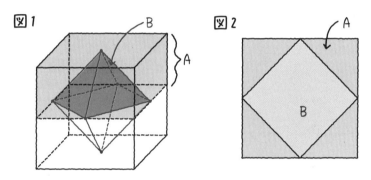

　A、Bの底面積は、図2のようにいずれも正方形で、BはAの$\frac{1}{2}$となり、高さは等しいので、Aの体積に対するBの体積は、$\frac{1}{2} \times \frac{1}{3} = \frac{1}{6}$とわかります。

　また、図の下半分についても同様ですので、立方体の体積は正八面体の体積の**6倍**となり、選択肢3が正解です。

No**5**

体積がUの正六面体と体積がVの正八面体がある。正六面体の12本の辺の中点が、正八面体の12本の辺の中点とすべて一致するとき、$\dfrac{U}{V}$ の値はいくらか。

1 $\dfrac{3}{4}$　**2** $\dfrac{4}{3}$　**3** $\dfrac{3}{2}$　**4** $\dfrac{2}{3}$　**5** 1

裁判所事務官　2010 年度

この問題は　**体積を計算する問題です。**

解くための下ごしらえ

体積Uの正六面体、体積Vの正八面体
辺の中点がすべて一致

$\dfrac{U}{V}$ は？

目のつけ所

　辺の中点がすべて一致している図を考える必要はありません。
　本問は、No.4とちがって、底面積や高さの比だけで考えられる問題ではありませんので、それぞれの体積を計算することになります。しかし、長さなどの数値は与えられていませんので、どこかの長さを1とするなど、基準を決めなければなりませんね。
　さて、問題の「中点の一致」ですが、中点同士が一致するということは、中点同士を結んだ長さも当然一致するわけです。ここから、それぞれの辺の長さを考えてみましょう。

正解は **1**

中点が一致するということは、図1のようにそれぞれの中点どうしを結ぶと、**この長さが同じになる**ということですから、これをもとに考えます。

図1　正六面体(立方体)　　　　**正八面体**

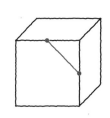

ここで、この長さを1として、それぞれの立体の1辺の長さを表します。

まず、立方体の1辺は、図2のように、1つの面の中点どうしを結んで正方形を作ると、その**対角線の長さの$\sqrt{2}$**とわかり、立方体の体積は、次のようになります。

> 立方体の体積（U）$= (\sqrt{2})^3 = 2\sqrt{2}$

また、正八面体の1辺は、図3のように2とわかります。

図2　　　　　　　　　　　　**図3**

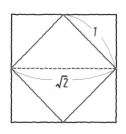
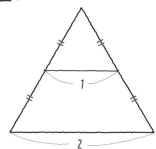

ここで、正八面体を図4のように上下2つの四角すいに分けると、底面積は1辺2の正方形になります。また、高さは図のACの上半分になりますが、ACはBDと同じ長さですので、1辺2の正方形の対角線の長さである$2\sqrt{2}$の$\frac{1}{2}$で$\sqrt{2}$となります。

図4

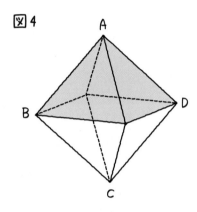

これより、正八面体の体積は、底面積が$2^2=4$、高さが$\sqrt{2}$の四角すいが2つ分で、次のようになります。

正四面体の体積（V）$=4\times\sqrt{2}\times\dfrac{1}{3}\times2=\dfrac{8\sqrt{2}}{3}$

これより、求める$\dfrac{U}{V}$は、次のようになります。

$\dfrac{U}{V}=2\sqrt{2}\div\dfrac{8\sqrt{2}}{3}=2\sqrt{2}\times\dfrac{3}{8\sqrt{2}}=\dfrac{3}{4}$

よって、選択肢1が正解です。

No.6

　図のような1辺がaの立方体があり、点Aは辺上にある点である。いま、点Aからスタートして、図のように6面全てを通って点Aに戻るように線を引くとき、その線の最短の長さはいくらか。

1　$3\sqrt{2}\,a$

2　$3\sqrt{3}\,a$

3　$3\sqrt{5}\,a$

4　$4\sqrt{2}\,a$

5　$4\sqrt{3}\,a$

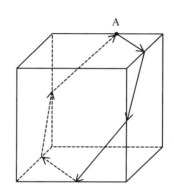

この問題は 立体の展開図を描いて考える問題です。

解くための下ごしらえ

1辺 a の立方体
辺上の点Aからスタート→6面全て通ってAに戻る
最短の長さは？

目のつけ所

　立体の内部の長さが必要なときは、No.1などのように切断面を考えるのですが、本問のように、立体の表面上の長さを求めるときは、展開図を描いて考えます。
　まずは、6面全て通る線が1本につながる展開図を描いてみましょう。

> 6面に入る6本の線の合計が最短になるのは、まっすぐな1本の直線になるときですよね。

正解は **1**

Aからスタートした線は、図1のように上面（①）から②→③→…→⑥の順にたどっていきますので、この線が**1本につながる**ような展開図を描くと図2のようになり、線分AA′が直線になるときが最短となります。

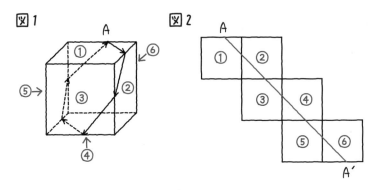

ここで、図3のように、AA′を斜辺とする**直角三角形ABA′**を描くと、AB＝$3a$となり、BA′も、図のbの長さが同じですから$3a$となり、この直角三角形は**1：1：$\sqrt{2}$の形**になります。

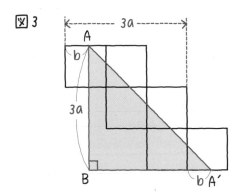

よって、AA′ ＝ 3$\sqrt{2}$ a となり、選択肢 1 が正解です。

No.7

　図のような、母線の長さが 6、底面の半径が 2 の円すいの底面の円周上にある点 A から、円すいの側面を 1 周して点 A に戻るようにひもをかける。ひもの長さが最も短くなるときの、ひもの長さはいくらか。

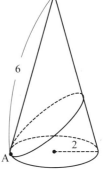

1　$4\sqrt{2}$
2　$4\sqrt{3}$
3　6
4　$6\sqrt{2}$
5　$6\sqrt{3}$

　この問題は　**本問も、展開図を描いて考える問題です。**

 解くための下ごしらえ

母線 6、底面の半径 2 の円すい
底面の円周上の点 A からスタート→側面を 1 周して A に戻る
最短の長さは？

目のつけ所

　本問も、ひもが通る側面の展開図を描いて考えます。側面の展開図はおうぎ形になりますが、その弧の部分は、底面の円周と重なるわけですから、弧の長さと底面の円周は同じになります。

　おうぎ形を描いたら、やはり、ひもが直線になるよう描いてみましょう。三角形ができあがりますね。

　　　　正解は **5**　　　　

　円すいの頂点をPとして、母線PAから側面を切断した展開図を描くと図1のようなおうぎ形になり、図のAA′が直線になるときが最短です。

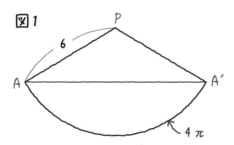

図1

　底面の半径は2ですから、円周は4πで、これがおうぎ形の弧の長さになり、半径6の円の円周12πの$\dfrac{1}{3}$になります。

　そうすると、このおうぎ形は半径6の円の$\dfrac{1}{3}$に当たることになり、中心角は$360°×\dfrac{1}{3}=120°$とわかります。

　ここで、図2のように、PからAA′に垂線PHを引くと、図は左右対称ですから、$\angle$APH$=60°$より、$\triangle$PAHは$1:2:\sqrt{3}$の形となります。

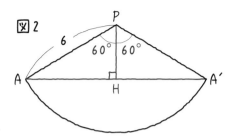

図2

これより、AH＝$6 \times \dfrac{\sqrt{3}}{2}＝3\sqrt{3}$より、AA′はその2倍で$6\sqrt{3}$とわかり、

選択肢5が正解です。

第6章

速さ

No **1**

　　Aは運動場を時速8.0kmで走り始め、1.0km走るごとに時速2.0km ずつスピードを上げて走った。Aが走り始めてから20分間で走る ことのできる距離として正しいのはどれか。

1　3.25km　　**2**　3.35km　　**3**　3.45km

4　3.55km　　**5**　3.65km

警視庁Ⅰ類　2011年度

この問題は　**速さの基本公式を使って計算する問題です。**

解くための下ごしらえ

時速8.0kmで走り始める
1.0km走るごとに時速2.0kmずつ上げる
20分間で走ることができる距離は？

目のつけ所

　「20分」で式を立てようとか考えてはいけません。ちょうど20分後にど の速さで何km走っているかはわかりませんからね。
　まずは、時速8.0kmで1.0kmの時間を求めましょう。基本公式に従って計 算すればいいですね。その後は、時速2.0km上げて、時速10.0kmで1.0km 走る時間を求めます。その時間の累計が20分になるまで計算してみましょ う。

正解は **2**

まず、時速8.0kmから始めて、時速を2.0kmずつ上げ、それぞれの速さで1.0kmを走るのにかかる時間を順に計算すると次のようになります。

公式！

速さ＝距離÷時間
時間＝距離÷速さ
距離＝速さ×時間

時速8.0km　→　$\dfrac{1.0}{8.0}=\dfrac{1}{8}$（時間）　→60分×$\dfrac{1}{8}$＝7.5分

時速10.0km　→　$\dfrac{1.0}{10.0}=\dfrac{1}{10}$（時間）　→60分×$\dfrac{1}{10}$＝6.0分

時速12.0km　→　$\dfrac{1.0}{12.0}=\dfrac{1}{12}$（時間）　→60分×$\dfrac{1}{12}$＝5.0分

ここまでの合計時間は7.5＋6.0＋5.0＝18.5（分）ですから、**残りの1.5（分）**を時速14.0kmで走ると、$14.0×\dfrac{1.5}{60}=\dfrac{7}{20}=0.35$（km）走ることができ、**合計で3.35km**とわかります。

よって、選択肢2が正解です。

A君は、はじめ全体の6分の1の距離を時速12kmで、残った距離の5分の3の距離を時速36kmで、最後に残った距離を時速18kmで移動した。このとき、全体を移動したときの平均の速さとして、最も妥当なのはどれか。

1 時速21.0km **2** 時速21.4km **3** 時速21.6km

4 時速21.8km **5** 時速22.0km

東京消防庁Ⅰ類 2016年度

この問題は 平均の速さを求める問題です。

解くための下ごしらえ

はじめの $\frac{1}{6}$ →時速12km

残りの $\frac{3}{5}$ →時速36km

残りの距離→時速18km
平均の速さは？

目のつけ所

もちろん、時速12km、時速36km、時速18kmの平均を求めるわけではありません。

平均の速さは、「全体の距離÷全体にかかった時間」で求めます。本問では距離が与えられていませんので、適当な数または文字において、まずはそれぞれにかかった時間を表してみましょう。

正解は **3**

図のように、全体の距離を 6 等分し、その 1 つの距離を L とします。

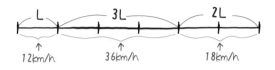

条件より、最初の L を時速12km、次の3L を時速36km、最後の2L を時速18kmで移動したので、それぞれに**かかった時間を合計する**と次のようになります。

$$\frac{L}{12} + \frac{3L}{36} + \frac{2L}{18} = \frac{3L + 3L + 4L}{36} = \frac{10L}{36} = \frac{5L}{18} \ （時間）$$

平均の速さは、**全体の距離÷合計の時間**で求められますので、以下のようになります。

$$6L \div \frac{5L}{18} = 6L \times \frac{18}{5L} = \frac{108}{5} = 21.6 \ （km／時）$$

よって、選択肢 3 が正解です。

No **3**

　　Aは、自宅から2.3km離れた学校へ行くのに、初めは毎分70mの速さで歩いていたが、遅刻しそうになったので、途中から毎分180mの速さで走ったところ、全部で25分かかった。Aが走った時間はどれか。

1　5分　　**2**　6分　　**3**　7分　　**4**　8分　　**5**　9分

この問題は　**速さの基本公式で方程式を立てる問題です。**

解くための下ごしらえ

自宅から学校→2.3km
はじめは毎分70m→途中から毎分180m
全部で25分
毎分180mで走った時間は？

目のつけ所

　「歩いた」と「走った」で、それぞれの速さはわかっていますが、距離と時間はいずれも合計しかわかっていませんね。では、片方を文字において、もう片方で方程式を立てられないか考えてみましょう。求めるのは走った時間ですから、これをxとすると、歩いた時間もxで表せますね。あとは、公式に従って、距離について方程式を立ててみましょう。

正解は **1**

Aが走った時間をx分とすると、歩いた時間は$25-x$（分）と表せます。距離の合計は2.3km＝2300mですから、次のような方程式が立ちます。

$$70(25-x)+180x=2300$$
両辺を10で割って、$7(25-x)+18x=230$
$$175-7x+18x=230$$
$$11x=55 \qquad \therefore x=5$$

よって、走った時間は**5分**とわかり、選択肢1が正解です。

　A～Eの5つの地点がある。地点Aと地点B及び地点Cと地点Dはそれぞれ一般道路で結ばれており、それぞれの一般道路は地点Eで直交している。地点Aと地点Cは高速道路で結ばれており、地点Aから地点Eまでは12km、地点Cから地点Eまでは5kmである。自動車で地点Aを出発してから地点Eに到着するまでの最短時間はどれか。ただし、一般道路及び高速道路はいずれも直線であり、自動車は高速道路を時速78km、一般道路を時速30kmで走行するものとする。

1 20分　　**2** 24分　　**3** 28分　　**4** 32分　　**5** 36分

特別区Ⅰ類　2016年度

 この問題は **図形の計量との融合問題です。**

解くための下ごしらえ

AとB、CとDは一般道路、AとCは高速道路で結ばれている
ABとCD→Eで直交
AE→12km　CE→5km
高速道路→時速78km　一般道路→時速30km
AからEの最短時間は？

 目のつけ所

　とりあえず、図を描いてみましょう。直角三角形ができますね。三平方
の定理を使って長さ（距離）を調べたら、あとは、どう行くのが一番早い
かを調べるだけです。

解説　　　　正解は **1**

　A〜Eを次のように図に表わすと、△AECは直角三角形ですから、三平
方の定理より、AC＝$\sqrt{12^2+5^2}$＝$\sqrt{169}$＝13（km）となります。

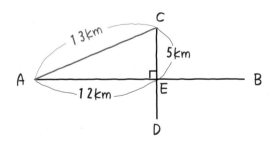

　これより、最短時間でAからEに到達する方法について、次の2通りを
検証します。

①A→Eを一般道路で進む方法

　AE間の12kmを時速30kmで走行すると、かかる時間は、$12 \div 30 = \dfrac{2}{5}$（時間）＝24分です。

②A→Cを高速道路で、C→Eを一般道路で進む方法

　AC間の13kmを時速78kmで走行すると、$\dfrac{13}{78} = \dfrac{1}{6}$（時間）＝10分、CE間の5kmを時速30kmで走行すると、$\dfrac{5}{30} = \dfrac{1}{6}$（時間）＝10分ですから、合計20分です。

　よって、最短時間は②の20分で、選択肢1が正解です。

No5

　　8km離れた2地点A、B間の同じ経路を、姉はスクーターで、妹はジョギングでそれぞれ走って一往復することになり、15時に妹が地点Aを出発した。その28分後に姉が地点Aを出発し、地点Bの手前2kmの地点で妹を追い越した。その後、復路を走る姉が、妹とすれ違う時刻として、正しいのはどれか。ただし、姉は妹の3倍の速さで走り、姉妹が走る速さはそれぞれ一定であった。

1　15時39分　　**2**　15時49分　　**3**　15時59分

4　16時09分　　**5**　16時19分

東京都Ⅰ類A　2016年度

 この問題は **速さ、時間、距離の比の関係に着目して考える問題です。**

解くための下ごしらえ

AB間8km→姉と妹が往復

15時に妹がAを出発→28分後に姉がAを出発

Bの手前2km→姉が妹を追い越す

姉の速さは妹の3倍

復路ですれちがう時刻は？

目のつけ所

　姉は妹の3倍の速さで進むわけですから、同じ距離を移動するのにかかる時間は $\frac{1}{3}$ ですね。そうすると、地点Aを出発して追いつくまでにかかった時間はどうなるでしょう？

　このように、「速さ、時間、距離」の間には、どれか1つが同じなら、あとの2つは比例か反比例の関係があります。これを利用して解ける問題は結構ありますよ。

　　　正解は**2**

　姉が妹を追い越した地点をPとすると、AP間の距離は、8−2＝6（km）ですね。姉と妹の速さの比は3：1ですから、同じ距離にかかる時間の比は1：3になります。これより、姉

🐼 ポイント！
速さが同じ→時間の比＝距離の比 時間が同じ→速さの比＝距離の比 距離が同じ→速さの比と時間の比は逆

がこの6kmにかかった時間をt分とすると、妹は、姉より28分早くスタートしていますから、かかった時間はt＋28（分）と表せ、次のような式が立ちます。

$$t : (t+28)=1 : 3$$
外項の積＝内項の積より、$3t=t+28$
$$2t=28 \qquad \therefore t=14$$

外項の積＝内項の積
$x : y = a : b \Leftrightarrow bx = ay$

　ここから、姉が妹を追い越したのは、姉がスタートして14分後ですから、15時28分＋14分＝15時42分となります。

　さらに、ここから、姉はB地点を折り返したあと、妹と出会うわけですが、この地点をQとすると、2人の行動は次のように表せます。

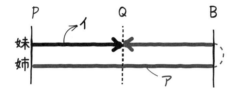

　姉と妹は、それぞれ図のア、イの距離を同じ時間で走ったわけですから、その距離の比は速さの比と同じ3：1となります。PB間は2kmですから、2人の走った距離は合わせて4kmとなり、これを3：1に分けると、3kmと1kmとわかりますね。姉はAP間の6kmに14分かかっていますので、同じ速さで、その半分の3kmにかかる時間は、やはり半分の7分とわかります。

　これより、姉が妹とすれ違った時刻は、15時42分＋7分＝15時49分となり、選択肢2が正解です。

長さ50mのプールでA、B、Cの3人がプールの端にある同じスタート地点を同時に出発して往復しながらある同じ距離を泳いだ。Aは10分間でゴールし、BはAより5分遅れでゴールし、CはBより3分遅れでゴールした。

　同様に、3人が同時に出発し、往復しながら泳ぎ続けたとき、再度3人が同時にスタート地点と同じ場所に到達するまでにAが泳いだ距離は最小でいくらか。

　ただし、3人はそれぞれ一定の速さで泳ぐものとし、身長や折り返しにかかる時間は考慮しないものとする。

1　600m　　**2**　800m　　**3**　900m

4　1,200m　　**5**　1,500m

国家専門職　2016年度

この問題は　**本問も、比の関係に着目して考える問題です。**

  解くための下ごしらえ

50mのプールをA、B、Cが泳ぐ
ある距離→A10分、B15分、C18分
3人が同時に出発→同時にスタート地点に到達
Aが泳いだ距離は？

目のつけ所

　はじめにある同じ距離を泳いだ時の 3 人のかかった時間が与えられていますので、ここから 3 人の速さの比がわかります。

　そうすると、同時にスタートして同時にスタート地点に戻るまでの同じ時間で 3 人が泳いだ距離の比もわかりますね。スタート地点には 1 往復するごとに戻りますから、そこから距離を考えましょう。

 　　　正解は **3**　　　　

　速さの比は、同じ距離にかかった時間の逆比になります。3 人は同じ距離を、A は10分、B は15分、C は18分で泳いでいますので、速さの比は以下のようになります。

　　A と B の速さの比　→　15：10＝3：2……………………………①
　　B と C の速さの比　→　18：15＝6：5……………………………②

　　①と②を合成　→　　　　A：B　　＝　　3：2
　　　　　　　　　　　　　　B：C　＝　　　　6：5
　　　　　　　　　　　　　―――――――――――――――――
　　　　　　　　　　　　　A：B：C　＝　9：6：5

　これより、3 人の速さの比は、9：6：5 ですが、スタート地点には 1 往復＝100m 泳いだところで到達しますので、A が 9 往復、B が 6 往復、C が 5 往復したところで最初に 3 人同時にスタート地点に到達するとわかります。

　よって、それまでに A が泳いだ距離は、100m×9＝900m となり、選択肢 3 が正解です。

No7

　駅から家までの1本道を弟は駅から家に向かって歩いて、兄は家から駅に向かって走って同時に進み始めた。兄は20分走ったところで弟とすれ違い、それからさらに8分走って駅に到着した。弟が兄とすれ違ったところから家に着くまでにかかった時間として、最も妥当なのはどれか。ただし、兄と弟はそれぞれ一定の速さで進んだものとする。

1　30分　　**2**　35分　　**3**　40分　　**4**　45分　　**5**　50分

東京消防庁Ⅰ類　2014年度

 この問題は　本問も、比の関係に着目して考える定番問題です。

解くための下ごしらえ

弟→駅～家　兄→家～駅　同時に出発
20分後にすれ違う
兄→すれ違って8分後に駅に到着
すれ違ってから、弟が家に着くまでの時間は？

目のつけ所

　速さの問題では、頻繁に出題されている定番問題です。
　本問では、兄が走った時間はすべてわかっていますが、弟が歩いた時間は全く与えられていないように感じますね。しかし、どうでしょう？　同時にスタートして、すれ違うまでの時間は同じですよ。そうすると、兄が8分で走った距離に弟は何分かかったかわかりますよね。

138

正解は **5**

２人は同時に進み始めて、20分後にすれ違った地点をＰとし、弟がＰから家までにかかった時間をx分とすると、下図のようになります。

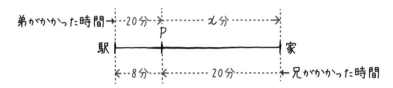

これより、駅〜Ｐ間と家〜Ｐ間の距離の比で次のような方程式が立ちます。

$$20 : x = 8 : 20$$
外項の積＝内項の積より、$8x = 400$　　　$\therefore x = 50$

よって、50分となり、選択肢5が正解です。

No8

　周囲が４kmの池の周りをＡは自転車で、Ｂは走って３周まわることにした。同じ場所から同じ方向に同時に出発して30分後に、２人の差は２kmになった。Ａが３周をまわり終えたとき、ＢはＡに１回追い越されて、Ａの後方800mの所にいた。Ａの速さとして、最も妥当なのはどれか。

1　時速６km　　**2**　時速７km　　**3**　時速８km
4　時速９km　　**5**　時速10km

警視庁Ⅰ類　2017年度

 この問題は　**本問も、比の関係に着目して考える問題です。**

解くための下ごしらえ

1周4kmの池の周り→A、Bが3周
同じ場所から同じ方向に同時に出発→30分後に差が2km
Aが3周→Bは1周+800m後方
Aの速さは？

目のつけ所

　Aが3周し終えたときの情報から考えます。Aが3周走るのと同じ時間で
B走った距離がわかりますので、ここから2人の速さの比を求められます。
　そうすると、同じ30分で2人が走った距離の比もわかりますので、ここ
から、Aが30分で走った距離が求められますね。

　　正解は **5**　　

　Aが3周を終えて出発地点に戻ったとき、Bはその後方800mの地点、
つまり、出発点から進行方向に4000−800＝3200（m）の地点にいた
ことになります。Bは、Aに1回だけ追い越されていますので、1周以上
の差が付いていますが、2周まではついていません。そうすると、Aが3
周＝12000mを走る間に、Bは1周と3200m＝7200m走ったことにな
り、ここから2人の速さの比は次のようになります。

　　Aの速さ：Bの速さ＝12000：7200＝5：3

　ここで、Aが30分で走った距離をLkmとすると、条件より、同じ30分で
Bが走った距離はL−2（km）と表され、その比も速さの比と同じになりま
すので、次のような方程式が立ちます。

$$L : (L-2) = 5 : 3$$
外項の積 ＝ 内項の積より、 $3L = 5(L-2)$
$$3L = 5L - 10$$
$$-2L = -10 \qquad \therefore L = 5$$

　これより、Aが30分で走る距離は5kmですから、1時間ではその2倍の10kmを走ることになります。

　よって、Aの速さは時速10kmで選択肢5が正解です。

No9

　ある池の周りを、太郎と次郎がそれぞれ一定の速さで地点Xから反対方向へ同時に出発した。太郎が13周、次郎が5周したところで初めて、ちょうどX地点ですれ違った。このとき、太郎と次郎が途中ですれ違った回数として、正しいのはどれか。

1　15回　　**2**　16回　　**3**　17回　　**4**　18回　　**5**　19回

警視庁Ⅰ類　2011年度

 この問題は　**旅人算の基本問題です。**

 ## 解くための下ごしらえ

池の周り、X地点から反対方向に同時に出発
太郎13周、次郎5周で初めてX地点ですれ違う
途中ですれ違った回数は？

目のつけ所

　すれ違うのは 2 人合わせて 1 周したところです。しかし、1 周目、2 周目、…と追って行ってはいけません。2 人が初めて X 地点ですれ違うまでに、2 人合わせて何周しているか考えてみましょう。

　　**正解は 3**

　太郎と次郎は、図のように 2 人合わせて 1 周したところですれ違い、これを繰り返していきます。

　そうすると、初めて X 地点ですれ違ったのは、2 人合わせて 13 + 5 = 18（周）したときになり、これが 2 人の 18 回目のすれ違いになります。

　これより、その途中ですれ違った回数は 17 回となり、選択肢 3 が正解です。

No 10

　線路沿いの道を一定の速さで走る自転車に乗っている人が、前方から来る電車に3分ごとに出会い、後方から来る電車に6分ごとに追い越された。すべての電車は、長さが等しく、速さ及び運転の間隔は一定であるとき、電車の運転の間隔として正しいのはどれか。ただし、自転車の長さは考えないものとする。

1　4分　　**2**　4分15秒　　**3**　4分30秒

4　4分45秒　　**5**　5分

東京都Ⅰ類A　2015年度

この問題は　**旅人算の定番問題です。**

解くための下ごしらえ

線路沿いの道を走る自転車
前方からくる電車と3分ごとに出会う
後方からくる電車に6分ごとに追い越される
電車の長さ、間隔は等しい
電車の運転間隔は？

目のつけ所

　ずっと走っていると、何台もの電車と出会い、追い越されますが、そんなに何台も考える必要はありません。ある1台とすれ違ったときから次の1台とすれ違うまでのことを考えると、自転車（乗っている人）と電車の出会い算になります。同様に、後方からの電車とは追いかけ算になります。
　電車の長さはどれも同じということですが、極力短い電車と考えると無視してもいいでしょう。

正解は 1

電車の間隔（距離）をＬとし、まず、前方からくる電車に３分ごとに出会うことから考えます。いま、１台目の電車Ａとすれ違ったとして、ここから、さらにＬだけ前方にいる２台目の電車Ｂと３分後に出会うことになります。電車の先頭を基準として図を描くと、図１のようになりますね。

図1

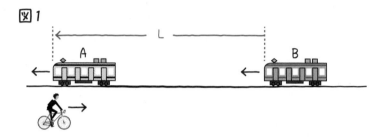

これより、電車の速さをx、自転車の速さをyとすると、出会い算の公式から次のような式が立ちます。

$$L = 3(x + y) \quad \cdots\cdots\cdots\cdots\cdots ①$$

次に、後方からくる電車に６分ごとに追い越されるほうを考えます。いま、１台の電車Ｃに追い越されたとして、ここから、さらにＬだけ後方にいる電車Ｄに６分後に追い越されることになります。電車の最後尾を基準として図を描くと、図２のようになります。

公式！

旅人算の公式
①出会い算
２人の間の最初の距離
＝出会うのにかかった時間
　　×２人の速さの和
②追いかけ算
２人の間の最初の距離
＝追い着くのにかかった時間
　　×２人の速さの差

図2

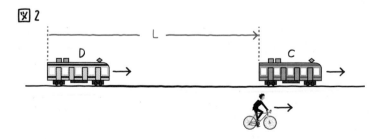

これより、追いかけ算の公式から、次のようになります。

$$L = 6(x - y) \quad \cdots\cdots\cdots\cdots\cdots\cdots\cdots\cdots\cdots\cdots\cdots\cdots ②$$

①、②は、いずれも「L＝…」の形になっていますので、右辺同士をイコールで結んで解くと、次のようになります。

$$3(x + y) = 6(x - y)$$
$$3x + 3y = 6x - 6y$$
$$-3x = -9y \qquad \therefore x = 3y$$

これより、電車の速さは自転車の3倍ですから、速さの比は、**自転車：電車＝1：3**となります。

そうすると、たとえば、図1の自転車と電車Bが出会う場面において、両者が出会った地点をPとすると、それぞれが3分間で進んだ距離は図3のようになります。

図3

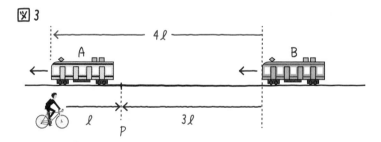

同じ時間で進む距離の比は、速さの比と同じ1：3ですから、自転車が進んだ距離をℓ、電車が進んだ距離を3ℓとすると、合わせた距離4ℓは**電車AとBの間隔**に当たることがわかります。電車は3ℓの距離を3分で走るので、**4ℓの距離には4分かかる**ことがわかり、これが電車の運転間隔となり、選択肢1が正解です。

急行列車Aが、前方を走る時速63kmの普通列車Bを追い越すのに30秒かかる。また、反対方向から来る時速126kmの特急列車Cとすれ違うのに5.5秒かかる。普通列車Bの長さは70m、特急列車Cの長さは175mであるとき、急行列車Aの速さと長さはいくらか。

	速さ	長さ
1	時速72km	135m
2	時速72km	145m
3	時速72km	155m
4	時速90km	135m
5	時速90km	155m

 この問題は **通過算の問題です。**

 ## 解くための下ごしらえ

AがBを追い越す→30秒
AがCとすれ違う→5.5秒
B→時速63km　70m
C→時速126km　175m
Aの速さと長さは？

 ## 目のつけ所

求めるAの速さと長さを文字に置くと、Bを追い越す、Cとすれ違う、のそれぞれで通過算の公式に従って方程式が立ちますね。

通過算の公式は旅人算とほぼ同じです。旅人算は公式に従って解く問題はあまりないのですが、通過算は公式通りに解ける問題が割と多いですよ。

 **解説** 　正解は **5**　

急行列車Ａの速さを毎秒 x m、長さを y mとします。普通列車Ｂと特急列車Ｃの速さは、秒速に直すと次のようになります。

> B　→　時速63km＝時速63000m＝分速1050m＝秒速17.5m
> C　→　時速126km＝時速126000m＝分速2100m＝秒速35m

これより、ＡがＢを追い越す場合について、通過算の公式より次のような方程式が立ちます。

> 😺 **公式！**
>
> 通過算の公式
> ①すれ違い
> 列車同士の長さの和
> 　＝すれ違うのにかかった時間×両者の速さの和
> ②追い越し
> 列車同士の長さの和
> 　＝追い越すのにかかった時間×両者の速さの差

$$70 + y = 30(x - 17.5)$$
$$70 + y = 30x - 525$$
$$y = 30x - 595 \cdots\cdots ①$$

次に、ＡとＣがすれ違う場合について、次のような方程式が立ちます。

$$175 + y = 5.5(x + 35)$$
$$175 + y = 5.5x + 192.5$$
$$y = 5.5x + 17.5 \cdots\cdots ②$$

①、②より、$30x - 595 = 5.5x + 17.5$

$24.5x = 612.5$

$\therefore x = 25$

$x = 25$を①に代入して、$y = 30 \times 25 - 595$

$= 750 - 595$

$= 155$

　秒速25m＝時速25×60×60＝90000（m）より、Aの速さは**時速90km**、長さは**155m**で、選択肢5が正解です。

No12

　　流れの速さが毎分45mの川の上流と下流の2地点間を船が往復している。上りにかかる時間が下りにかかる時間の2.5倍だとすると、この船の静水時の速さはいくらか。

1　毎分90m　　**2**　毎分95m　　**3**　毎分100m

4　毎分105m　　**5**　毎分110m

この問題は　流水算の問題です。

🌱 解くための下ごしらえ

流速→毎分45m

上りの時間→下りの2.5倍

静水時の速さは？

目のつけ所

同じ2地点間を往復しますので、上りと下りの時間の比から速さの比がわかりますね。そうすると、流水算の公式から、静水時の速さや流速の比もわかります。

 正解は **4**

かかる時間が、下り：上り＝1：2.5＝2：5ですから、速さの比は、下り：上り＝5：2となります。

これより、静水時の速さを毎分xmとすると、流水算の公式より次のような方程式が立ちます。

> 🐼 **公式！**
>
> 流水算の公式
> ①下りの速さ＝静水時の速さ＋流速
> ②上りの速さ＝静水時の速さ－流速
> ③静水時の速さ＝（下りの速さ＋上りの速さ）÷2
> ④流速＝（下りの速さ－上りの速さ）÷2

$(x+45):(x-45)=5:2$
外項の積＝内項の積より、$2(x+45)=5(x-45)$
$2x+90=5x-225$
$-3x=-315$　　　∴$x=105$

よって、静水時の速さは**毎分105m**となり、選択肢4が正解です。

ある川の上流に地点A、下流に地点Bがある。今、Xが地点Aを、Yが地点Bをボートで同時に出発してから、それぞれ地点AB間を1往復後、元の地点に戻り、次のア〜オのことが分かっているとき、川を下る速さはどれか。ただし、川を上る速さ、川を下る速さは、それぞれ一定とする。

ア　X及びYが川を上る速さは、同じであった。

イ　X及びYが川を下る速さは、同じであった。

ウ　川を下る速さは、川を上る速さの2倍であった。

エ　XとYは、最初にすれ違ってから50分後に再びすれ違った。

オ　最初にすれ違った地点と、再びすれ違った地点の距離は、2kmであった。

1　10km/時　　**2**　11km/時　　**3**　12km/時

4　13km/時　　**5**　14km/時

特別区Ⅰ類　2018年度

 この問題は　流水算の少し変わった問題です。

 解くための下ごしらえ

X→Aから出発　Y→Bから出発　1往復

X、Yの速さは同じ　下りの速さ→上りの2倍

最初にすれ違ってから50分後に再びすれ違う

すれ違った2地点の距離→2km

下りの速さは？

目のつけ所

　下りの速さは上りの速さの2倍ですから、XとYが同時に出発してから最初にすれ違うまでに、Xが進んだ距離はYの2倍です。ここから図を描いて考えてみましょう。2人がすれ違った2地点間が2㎞ということから、AB間の距離は簡単に求められますよ。

　あとは、最初にすれ違ってから50分間に2人が進んだ距離について考えてみてください。

解説　　　正解は **3**

　XとYが最初にすれ違った地点をP、再びすれ違った地点をQとします。

　まず、2人が同時に出発してPですれ違うまでに進んだ距離の比は、速さの比と同じですから、条件ウより、AP：BP＝2：1となります。

　また、条件ア、イより、2人は同じ2地点間を同じ速さで往復しますので、同時に出発すると、出発地点に戻るのも同時です。したがって、Qですれ違ってから出発地点に戻るまでに進んだ距離の比も、速さの比と同じで、QA：QB＝1：2となり、ここまでを図のように表します。

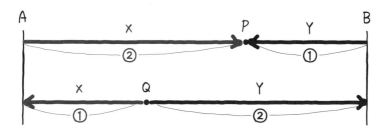

　これより、P、QはいずれもABの3等分点になりますので、AQ＝QP＝PBとなり、条件オより、PQ＝2㎞ですから、AQ＝PB＝2㎞とわかります。

　そして、条件エより、Xは、P→Bを下りB→Qを上るのに合計で50分かかっています。PBとBQの距離の比は1：2ですが、同じ距離でも上り

は下りの2倍の時間がかかるので、かかった時間の比は、PB：BQ＝(1×1)：(2×2)＝1：4となります。

　これより、50分を1：4に分けると10分と40分ですから、Xは、PB＝2kmを下るのに10分＝$\frac{1}{6}$時間かかったことがわかり、下りの速さは、2÷$\frac{1}{6}$＝2×6＝12（km/時）で、選択肢3が正解です。

第7章
比と割合

No 1

　ある高校の入学試験において、受験者数の男女比は15：8、合格者数の男女比は10：7、不合格者数の男女比は2：1であった。男子の合格者数と男子の不合格者数の比として、適当なものはどれか。

1　5：1　　**2**　3：2　　**3**　2：3　　**4**　2：5　　**5**　1：5

裁判所職員　2016 年度

この問題は　**比の関係から方程式を立てる問題です。**

解くための下ごしらえ

受験者数の男女比→15：8
合格者数の男女比→10：7
不合格者数の男女比→2：1
男子の合格者数と不合格者数の比は？

目のつけ所

　与えられた情報はすべて男女比ですが、「受験者＝合格者＋不合格者」ですから、それぞれの関係がもう少しわかりそうですね。
　まずは、文字式に表しましょう。合格者数の「10：7」というのは、同じ数で割って「10」と「7」になるということですから、ある整数の10倍と7倍です。ですから、たとえば「$10x$」と「$7x$」のように表すことができます。同様に、不合格者数も文字式で表したら、それを合わせた受験者数について式を立ててみましょう。

154

正解は **5**

条件より、合格者数について、男子を$10x$人、女子を$7x$人、不合格者数について、男子を$2y$人、女子をy人とします。そうすると、**受験者数について次のような方程式が立ちますね。**

$$(10x + 2y) : (7x + y) = 15 : 8$$
外項の積＝内項の積より、$8(10x + 2y) = 15(7x + y)$
$$80x + 16y = 105x + 15y$$
$$-25x = -y$$
$$25x = y$$

これより、$y = 25x$を男子の**不合格者数**$2y$に代入すると、$2 \times 25x = 50x$（人）となります。

よって、男子の合格者は$10x$人、不合格者は$50x$人で、その比は、$10x : 50x = 1 : 5$となり、選択肢 5 が正解です。

No.2

　都庁舎の来庁者数の調査を 2 回実施したところ、第一本庁舎と第二本庁舎の来庁者数の比は、1 回目が13：3となり、2 回目が13：2となった。2 回目の調査では、1 回目と比べて第一本庁舎の来庁者数は260人増加し、第二本庁舎の来庁者数は130人減少した。このとき、2 回目の調査における第二本庁舎の来庁者数として、正しいのはどれか。

1　380人　　**2**　390人　　**3**　400人　　**4**　410人　　**5**　420人

東京都 I 類Ａ　2016 年度

 この問題は　**本問も、比の関係から方程式を立てる問題です。**

解くための下ごしらえ

第一と第二の比　1回目→13：3　2回目→13：2
2回目は1回目より、第一は＋260人、第二は－130人
2回目の第二の人数は？

目のつけ所

　No.1と同様に、第一本庁舎と第二本庁舎の1、2回目の来庁者数を文字式にしましょう。来庁者数の増減の関係で方程式が立ちますね。

正解は <u>**1**</u>

　第一本庁舎と第二本庁舎の来庁者数を、それぞれ1回目を$13x$人と$3x$人、2回目を$13y$人と$2y$人とすると、条件より、次のような方程式が立ちます。

$$13x + 260 = 13y \quad\cdots\cdots①$$
$$3x - 130 = 2y \quad\cdots\cdots②$$

①の両辺を13で割って、$x + 20 = y$ $\quad\cdots\cdots①'$
①′を②に代入して、$\quad 3x - 130 = 2(x + 20)$
$\qquad\qquad\qquad\qquad 3x - 130 = 2x + 40 \qquad \therefore x = 170$
$x = 170$を①′に代入して、$170 + 20 = y \qquad \therefore y = 190$

　2回目の第二本庁舎の来場者数は$2y$人ですから、$2 \times 190 = 380$（人）となり、選択肢1が正解です。

No.3

　ある学校にはＡ、Ｂ、Ｃの３組で合計100人の生徒が在籍しており、これらの生徒に対し、試験を２回実施した。１回目の試験において、100人全員が受験したところ、Ａ組とＢ組では同じ人数の生徒が合格し、Ｃ組では生徒全員が不合格であった。その結果、１回目の試験で不合格であった生徒の人数比は、Ａ組：Ｂ組：Ｃ組＝１：２：４であった。

　２回目の試験において、１回目の試験で不合格であった生徒を対象とし、対象者全員が受験したところ、Ａ組では受験した生徒の80％が、Ｂ組では受験した生徒の90％が、Ｃ組では生徒全員が合格した。その結果、２回目の試験で不合格であった生徒は、Ａ組とＢ組合計４人であった。

　このとき、Ａ組で２回目の試験で合格した生徒は、Ａ組の生徒全員の何％を占めているか。

1　32％　　**2**　34％　　**3**　36％　　**4**　38％　　**5**　40％

国家専門職　2020 年度

この問題は 　**本問も、比の関係から方程式を立てる問題です。**

　解くための下ごしらえ

Ａ、Ｂ、Ｃの３組→合計100人
１回目の試験→全員受験
　合格→Ａ、Ｂ同数、Ｃなし
　不合格→Ａ：Ｂ：Ｃ＝１：２：４
２回目の試験→１回目の不合格者が受験
　合格→Ａ80％　Ｂ90％　Ｃ全員
　不合格→Ａ、Ｂで合計４人
Ａの２回目の合格者はＡの生徒の何％？

目のつけ所

1回目の不合格者を文字式にしましょう。ここから2回目の不合格者を表せばそこで方程式が立ちますね。

 解説   正解は **1**

A、B、C組の1回目の不合格者数を、それぞれ x 人、$2x$ 人、$4x$ 人とすると、これが2回目の試験の受験者数になります。2回目の試験で不合格だったのは、A組の20%、B組の10%で、条件より、合計4人ですから、次のような方程式が立ちます。

$$x \times 0.2 + 2x \times 0.1 = 4$$
$$0.2x + 0.2x = 4$$
$$0.4x = 4 \quad \therefore x = 10$$

これより、1回目の不合格者数は、A組10人、B組20人、C組40人で、計70人とわかり、合格者数は $100 - 70 = 30$（人）となります。

1回目の合格者数はA組とB組で同数ですから、それぞれ15人ずつで、A組の生徒数は $15 + 10 = 25$（人）とわかります。

そうすると、A組の2回目の合格者数は $10 \times 0.8 = 8$ 人ですから、生徒数に対する割合は、$8 \div 25 = 0.32$ より32%となり、選択肢1が正解です。

ある職場の男性職員と女性職員の人数の割合は7：8で、電車通勤者とバス通勤者の人数の割合は4：5である。電車通勤者のうち男性職員が90人、バス通勤者のうち女性職員が126人であるとき、この職場の全職員数として、最も妥当なのはどれか。ただし、職員は電車通勤者とバス通勤者以外はいないものとする。

1　360人　　**2**　405人　　**3**　450人　　**4**　495人　　**5**　540人

警視庁Ⅰ類　2018年度

この問題は **本問も、比の関係から方程式を立てる問題です。**

 **解くための下ごしらえ**

男性：女性＝7：8
電車：バス＝4：5
電車の男性は90人　バスの女性は126人
全職員数は？

 目のつけ所

　これまでと同様に、男性7*x*、女性8*x*としたいところですが、それではうまく式が立ちませんね。本問は、男女それぞれをさらに電車とバスに分けた４つのグループに分けることができ、そのうち２グループの人数が与えられています。そうすると、残る２グループの人数を文字におけば、与えられた比で方程式を立てることができますよ。

正解は **2**

電車通勤者のうちの女性職員の数をx、バス通勤者のうちの男性職員の数をyとして、次のように表に整理します。

	電車通勤者	バス通勤者	計
男性職員	90	y	$y+90$
女性職員	x	126	$x+126$
計	$x+90$	$y+126$	$x+y+216$

ここから、条件より、次のような方程式が立ちます。

$$(y+90):(x+126)=7:8 \cdots\cdots\cdots\cdots\cdots\cdots① $$
$$(x+90):(y+126)=4:5 \cdots\cdots\cdots\cdots\cdots\cdots② $$

①について、外項の積＝内項の積より、
$$8(y+90)=7(x+126)$$
$$8y+720=7x+882$$
$$-7x+8y=162 \cdots\cdots\cdots\cdots\cdots\cdots①'$$

②について、同様に、
$$5(x+90)=4(y+126)$$
$$5x+450=4y+504$$
$$5x-4y=54 \cdots\cdots\cdots\cdots\cdots\cdots②'$$

①'＋②'×2より、
$$
\begin{array}{r}
-7x+8y=162 \\
+)\ \underline{10x-8y=108} \\
3x\qquad\ =270
\end{array}
$$
$$\therefore x=90$$

$x=90$を②'に代入して、
$$5\times90-4y=54$$
$$-4y=54-450$$
$$-4y=-396$$
$$\therefore y=99$$

これより、表の職員数の合計 ($x+y+216$) に、$x=90$、$y=99$を代入して、この職場の全職員数は、$90+99+216=405$（人）となり、選択肢 2 が正解です。

No5

　A、B、Cの3種類の植物の種子があり、これらの種子をまいて成長させると、一つの種子につき1本の花が咲く。その花の色については、A、B、Cごとに次の比で出現することが分かっている。

　［花の色の出現比］
　Aは、赤：青：白＝1：1：2
　Bは、赤：青：白＝5：3：0
　Cは、赤：青：白＝0：1：1

　いま、それぞれの数が不明であるA、B、Cの種子を混合してまいて全て成長させたところ、A、B、Cの種子から上記の出現比で花が咲いた。これらを全て切り取って、花の色が赤、青、白1本ずつの花束を作ったところ、200セット作ったところで赤の花がなくなった。その後、青と白1本ずつの花束を作ったところ、ちょうど全ての花がなくなった。

　このとき、まかれたBの種子はいくつか。

1　160　　**2**　200　　**3**　240　　**4**　320　　**5**　400

国家専門職　2016 年度

この問題は　**本問も、比の関係から方程式を立てる問題です。**

解くための下ごしらえ

A～Cの種子をまく→花が咲く
A→赤：青：白＝1：1：2
B→赤：青：白＝5：3：0
C→赤：青：白＝0：1：1
赤、青、白の花束→200で赤がなくなる
青、白の花束→ちょうど作れる
Bはいくつか？

目のつけ所

　まず、A～Cそれぞれの種子から咲いた花の数を、出現率から文字式にしましょう。さらに、それぞれの色について式にすると、はじめの花束の情報から、赤の本数は200本ちょうどとわかります。そして、青と白の花束を作ってすべてなくなったということは、青と白は同数とわかりますね。それぞれで式を立ててみましょう。

　　　正解は **2**

　A～Cそれぞれの種子から咲いた花の数を、出現比より次のように表します。

A　→	赤a本、青a本、白$2a$本	→　Aの種子の数＝$4a$
B　→	赤$5b$本、青$3b$本、白0本	→　Bの種子の数＝$8b$
C　→	赤0本、青c本、白c本	→　Cの種子の数＝$2c$

　赤の花の本数は**1本×200セット＝200本**ですから、次のような方程式が立ちます。

$$a + 5b = 200 \quad \cdots\cdots\cdots\cdots\cdots\cdots\cdots\cdots\cdots\cdots\cdots\cdots\cdots\cdots ①$$

　また、**青の花と白の花の本数は同じ**なので、次のような方程式が立ちます。

$$a + 3b + c = 2a + c$$
$$-a = -3b$$
$$\therefore a = 3b \quad \cdots\cdots\cdots\cdots\cdots\cdots\cdots\cdots\cdots\cdots\cdots\cdots\cdots\cdots ②$$

$$②を①に代入して、3b + 5b = 200$$
$$8b = 200$$
$$\therefore b = 25$$
$$b = 25を②に代入して、a = 3 \times 25 = 75$$

　Bの種子の数は$8b$ですから、ここに$b = 25$を代入して、**8×25＝200**とわかり、選択肢2が正解です。

　ちなみに、Aの種子の数は、**4×75＝300**とわかりますが、Cについては求められません。

2つのビーカーA、Bに、X液とY液がそれぞれ3：7、7：3の割合で混合液が入っている。いま、AからBに200mL注ぎ、よくかき混ぜて次にBからAに100mL戻した。このとき、AにはX液とY液が2：3の割合で200mL入っていた。はじめにBに入っていた液体の量として、最も妥当なのはどれか。

1 200mL　　**2** 300mL　　**3** 400mL

4 500mL　　**5** 600mL

警視庁Ⅰ類　2019年度

この問題は　**濃度についての問題です。**

解くための下ごしらえ

A→X：Y＝3：7　B→X：Y＝7：3
AからBに200mL注ぐ
BからAに100mL戻す
A→X：Y＝2：3　200mL
はじめのBの量は？

目のつけ所

　濃度の問題というのはわかると思いますが、一般的な食塩水の問題のように「○％」という情報がないですね。しかし、食塩水も食塩と水の混合液で、これがXとYに代わっただけです。ですから、X、Yのどちらか片方の濃度を表しましょう。たとえば、はじめのAのXの濃度は、$\dfrac{3}{7+3}$×100＝30（％）と表せます。

　そして、このような混合液の混ぜ合わせは**てんびん図**を使って早く解ける問題が多いですよ。

正解は **1**

　それぞれの液体の濃度については、Xの濃度で表すことにします。まず、それぞれのXの濃度を計算すると、はじめのAの濃度は、$\frac{3}{7+3} \times 100 = 30$（%）、はじめのBの濃度は、$\frac{7}{7+3} \times 100 = 70$（%）、操作後のAの濃度は$\frac{2}{2+3} \times 100 = 40$（%）となります。

法則！

てんびんの原理
次図において、$pm = qn$より、$m:n = q:p$が成り立つ。

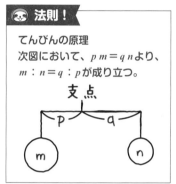

　これより、最初の操作について、Aの200mLをBに注ぎ、かき混ぜたところでBにできた液体の濃度をx%とし、この操作をてんびん図に表すと、図1のようになります。

　さらに、2回目の操作について、Bのx%の液体100mLをAに移したところで、Aの量は200mLになったわけですから、**Aに残っていた量は100mL**とわかり、この操作については図2のようになります。

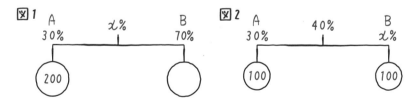

　図2のおもりの重さの比は100：100＝1：1ですから、**支点からの距離の比も1：1**となります。左の距離は40−30＝10なので、$x = 40 + 10 = 50$（%）とわかりますね。

そうすると、図1において、支点からの距離は、左が50－30＝20、右が70－50＝20で、その比は1：1ですから、**おもりの重さの比も1：1で、Bの液体の量は200mL**とわかります。

よって、選択肢1が正解です。

3種類の食塩水A、B、Cがあり、濃度は、Aが3％、Bが10.5％、Cが13.5％である。いま、Aを200gとBをいくらか混ぜ合わせて、新たな濃度の食塩水Dを作った。さらに、Dを70gとCを50g混ぜ合わせて新たな濃度の食塩水Eを作ったところ、Eの濃度は10％であった。最初の操作で混ぜ合わせた食塩水Bの量はいくらか。

1 150g **2** 200g **3** 250g **4** 300g **5** 350g

 この問題は **本問も、濃度の問題です。**

 解くための下ごしらえ

A→3％ B→10.5％ C→13.5％
D→A200g＋B
E→D70g＋C50g→10％
はじめの操作のBの量は？

目のつけ所

　混ぜ合わせの操作が２回ありますので、それぞれで、てんびん図を描いてみましょう。きちんと結果がわかっているのは２回目の操作ですね。ここからDの濃度がわかれば、はじめの操作のBの量もわかりますね。

解説　　正解は **4**

　最初の操作で混ぜ合わせた食塩水Bの量をx g、そこでできた食塩水Dの濃度をy%として、２回の操作をてんびん図に表わすと、それぞれ図１、２のようになります。

　図２のおもりの重さの比は、**左：右＝70：50＝7：5**ですから、支点からの距離の比は**左：右＝5：7**になりますが、右側の距離は13.5－10＝3.5ですから、左側の距離はその$\frac{5}{7}$倍での2.5となり、y**＝10－2.5＝7.5**とわかります。

　これより、図１のyが7.5となりますので、支点からの距離の比は、左が7.5－3＝4.5、右が10.5－7.5＝3となり、その比は**4.5：3＝3：2**ですから、おもりの重さの比は**2：3**となります。

　よって、**200：x＝2：3**より、x**＝300**がわかり、選択肢４が正解です。

No 8

原価が1,200円の品物を20個仕入れた。定価1,800円で12個売ったが、売れ残りそうになったため、定価から20%値下げしてすべて売り切った。この品物全体の原価に対する利益の割合は何%か。ただし、価格に消費税等諸経費は考慮しない。

1　26%　　**2**　30%　　**3**　38%　　**4**　46%　　**5**　62%

警視庁Ⅱ類　2005年度

この問題は　利益算の問題です。

解くための下ごしらえ

原価1,200円→20個仕入れる
定価1,800円→12個売る
残り→定価の20%値下げですべて売る
原価に対する利益の割合は？

目のつけ所

すべての金額、個数がわかっていますから、計算するだけですね。
売値が2通りあるので、それぞれに個数をかけて売上額を計算しましょう。
売上額から仕入れ総額を引いたのが利益ですよ。

168

正解は **3**

　仕入総額、定価での売上、値下げしてからの売上、売上総額は以下のようになります。

仕入総額	→	1,200×20 = 24,000（円）
定価で12個	→	1,800×12 = 21,600（円）
値下げで8個	→	1,800×0.8×8 = 11,520（円）
売上総額	→	21,600＋11,520 = 33,120（円）

これより、原価（仕入総額）に対する利益の割合は、次のようになります。

利益	→	33,120－24,000 = 9,120（円）
利益の割合	→	9,120÷24,000 = 0.38 = 38％

よって、選択肢 3 が正解です。

No 9

あるバザーに露店を出店することになり、たこ焼きと焼きそばを合わせて100食用意した。夕方までにたこ焼きは8割、焼きそばは7割が定価で売れたが、売れ残りそうになったので、それぞれ100円引きにしてすべて売りつくしたところ、利益は、全て定価で売れた場合に比べて2,300円少なかった。また、たこ焼きの定価は焼きそばの定価より250円安く、売上金額は、たこ焼きのほうは焼きそばより6,000円多かったとすると、たこ焼きの定価はいくらか。

1 200円　　**2** 250円　　**3** 300円　　**4** 350円　　**5** 400円

 この問題は　**本問も、利益算の問題です。**

 解くための下ごしらえ

たこ焼きと焼きそば→計100食
たこ焼き8割、焼きそば7割→定価で売れた
残り→100円引きですべて売れた
利益は2,300円少ない
定価→たこ焼き＝焼きそば－250円
売上→たこ焼き＝焼きそば＋6,000円
たこ焼きの定価は？

目のつけ所

　まず、利益が2,300円少なくなったことに着目します。これは値引きした分ですよね？　値引きは100円ですから、ここから、値引きして売った数がわかります。そして、それはたこ焼きと焼きそばの何割に当たるでしょうか？　ここで式を立てれば、たこ焼きと焼きそばそれぞれの食数がわかります。あとはもうひと仕事ですね。

　　　　正解は **4**

　たこ焼きを a 食、焼きそばを b 食準備したとします。100円引きにしたために利益が2,300円少なくなったことから、**値引きして売ったのは合わせて23食分**で、これは、たこ焼きの２割、焼きそばの３割に当たりますので、次のような方程式が立ちます。

準備した数　　→　$a + b = 100$ ……………………………………①
値引きした数　→　$0.2a + 0.3b = 23$ ………………………………②

①×2−②×10より、
$$
\begin{array}{r}
2a + 2b = 200 \\
-)\ \underline{2a + 3b = 230} \\
-b = -30 \qquad \therefore b = 30
\end{array}
$$

$b = 30$ を①に代入して、$a = 70$

　これより、**たこ焼きは70食、焼きそばは30食**準備したとわかり、定価で売れた数、値引きした数は次のようになります。

たこ焼き　→　定価　$70 \times 0.8 = 56$　　値引き　$70 - 56 = 14$
焼きそば　→　定価　$30 \times 0.7 = 21$　　値引き　$30 - 21 = 9$

ここで、たこ焼きの定価をx円、焼きそばの定価をy円とすると、条件より次のような方程式が立ちます。

定価の差　→　$x = y - 250$ ……………………………………③
売上の差　→　$(70x - 100 \times 14) - (30y - 100 \times 9) = 6000$ …………④

④より、$70x - 1400 - 30y + 900 = 6000$
$\qquad 70x - 30y = 6500$
$\qquad 7x - 3y = 650$
③を代入して、$7(y - 250) - 3y = 650$
$\qquad\qquad 7y - 1750 - 3y = 650$
$\qquad\qquad 4y = 2400 \qquad \therefore y = 600$
$y = 600$を③に代入して、$x = 600 - 250 = 350$

　よって、**たこ焼きの定価は350円**となり、選択肢4が正解です。

第**8**章

集合算

No.1

　100人の外国人旅行者（以下、「旅行者」とする）を対象として、日本で寿司、カレーライス及びラーメンを食べたことがあるかについての調査を行ったところ、次の結果が得られた。

　ア　寿司、カレーライス及びラーメンのうちいずれも食べたことがない旅行者は10人である。

　イ　寿司またはラーメンを食べたことがある旅行者は85人である。

　ウ　寿司を食べたことがある旅行者は55人である。

　エ　ラーメンとカレーライスの両方を食べたことがある旅行者は8人である。

　オ　寿司、カレーライス及びラーメンを全て食べたことがある旅行者は3人である。

　このとき、ラーメンのみを食べたことがある旅行者の数として正しいものはどれか。

1　15人　　**2**　18人　　**3**　22人　　**4**　25人　　**5**　28人

裁判所職員　2020 年度

 この問題は　ベン図を描いて情報を整理する問題です。

 解くための下ごしらえ

全体100人
寿司　カレー　ラーメン
いずれもない→10人
寿司またはラーメン→85人
寿司→55人
ラーメンとカレー→8人

174

3つ全て→3人
ラーメンのみは？

 目のつけ所

　3種類の食べ物それぞれを食べたことがある旅行者のベン図（集合図）を描いて情報を整理します。条件オに「すべてを食べたことがある人」の情報がありますので、これを先に入れてしまったほうが楽ですね。

 正解は **4**

　寿司、カレー、ラーメンそれぞれを食べたことがある人のベン図を作成し、条件ア、ウ、オを記入します。また、図の2か所をx、yとし、求める部分に色を付けておきます。

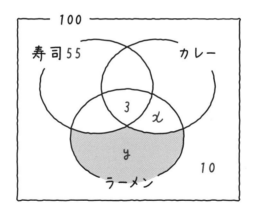

　まず、図のxについては、条件エより、$x=8-3=5$とわかります。
　そうすると、条件イより、**寿司を食べた55人＋x＋y＝85人**ですから、yは次のようになります。

$$55 + x + y = 85$$
$x = 5$を代入して、$55 + 5 + y = 85$
$$\therefore y = 25$$

よって、**求めるyは25人**となり、選択肢 **4** が正解です。

No.2

　ある空港の搭乗口で搭乗客100名について調査を実施したところ、次のア〜カのことが分かった。これらのことから判断して、20歳未満の男性で行き先が国内の者の人数として、最も妥当なのはどれか。

ア　調査対象者のうち、男性は54人である。

イ　行き先が海外の者は28名で、それ以外の者の行き先は全て国内である。

ウ　行き先が国内の者のうち、20歳未満の者は42人である。

エ　行き先が海外の者のうち、女性は13人である。

オ　20歳以上の女性で行き先が海外の者は、20歳以上の女性で行き先が国内の者より10人少なく、20歳以上の男性で行き先が海外の者の人数の2倍である。

カ　20歳以上の男性で行き先が国内の者は12人いる。

1　23人　　**2**　24人　　**3**　25人　　**4**　26人　　**5**　27人

警視庁Ⅰ類　2016年度

　この問題は　**本問も、ベン図を描いて情報を整理する問題です。**

解くための下ごしらえ

全体100人

男性と女性　海外と国内　20歳未満と20歳以上

男性54人

海外→28名

(国，20未満)→42人

(海，女)→13人

(20以上，女，海)→(20以上，女，国)−10人

　　　　　　　　　　　(20以上，男，海)×2

(20以上，男，国)→12人

(20未満，男，国)は？

 ## 目のつけ所

　男性 (または女性)、海外 (または国内)、20歳未満 (または20歳以上) で、ベン図を描いて情報を整理します。わからない部分は文字において条件から式を立ててみましょう。

 　正解は **5**

　男性、海外、20歳未満でベン図を作成し、条件ア、イ、カを記入します。
　条件オより、(20以上，男，海) をxとすると、(20以上，女，海) は$2x$、(20以上，女，国)は$2x+10$と表せます。残る部分は図のように$a \sim d$とし、求める部分に色を付けます。

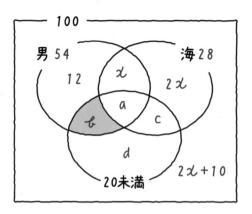

　全体で100ですから、**国内の合計は100−28＝72**で、これと**条件ウ**より、次のようになります。

国内の合計　→　$12 + b + d + (2x + 10) = 72$ ………………………………①
条件ウ　→　$b + d = 42$ …………………………………………………②
①に②を代入　→　$12 + 42 + 2x + 10 = 72$
　　　　　　　　$2x = 8$　　　∴ $x = 4$

また、**海外の合計**と**条件エ**より、次のようになります。

海外の合計　→　$x + a + 2x + c = 28$ …………………………………③
条件エ　→　$2x + c = 13$ …………………………………………………④
③に④と $x = 4$ を代入　→　$4 + a + 13 = 28$
　　　　　　　　　　　　　　　∴ $a = 11$

さらに、**男性の合計**について、次のようになります。

男性の合計　→　$12 + x + a + b = 54$ …………………………………⑤
⑤に $x = 4$、$a = 11$ を代入　→　$12 + 4 + 11 + b = 54$
　　　　　　　　　　　　　　　　∴ $b = 27$

よって、**求める b は27人**となり、**選択肢5**が正解です。

No.3

　ある学習塾に通う男子及び女子の児童336人について、通学時間により30分以上と30分未満とに、居住地により市内と市外とに分けて人数を調べたところ、次のア～オのことが分かった。

　ア　男子児童は、178人であった。

　イ　通学時間が30分以上の女子児童は、64人であった。

　ウ　市内に居住している男子児童は、通学時間が30分以上、かつ、市外に居住している男子児童よりも68人多かった。

　エ　通学時間が30分未満、かつ、市内に居住している女子児童の人数は、通学時間が30分以上、かつ、市外に居住している男児児童の人数の2倍であった。

　オ　通学時間が30分未満、かつ、市外に居住している女子児童の人数は、通学時間が30分未満、かつ、市内に居住している女子児童の人数よりも42人少なかった。

　以上から判断して、通学時間が30分未満、かつ、市外に居住している男子児童の人数として、正しいのはどれか。

1　34人　　**2**　36人　　**3**　38人　　**4**　40人　　**5**　42人

東京都Ⅰ類B　2012年度

 この問題は　**本問も、ベン図を描いて情報を整理する問題です。**

 ## 解くための下ごしらえ

全体→336人
男子と女子　30分以上と30分未満　市内と市外
男子→178人
(30以上，女) →64人
(市内，男) → (30以上，市外，男)＋68人
(30未満，市内，女) → (30以上，市外，男)×2

(30未満，市外，女）→（30未満，市内，女）－42人
(30未満，市外，男）は？

 目のつけ所

　本問も、3つの項目でベン図を描き、わからないところを文字において
式を立てましょう。

 解説　　正解は **5**

　男子、30分以上、市内でベン図を作成し、条件アを記入します。
　条件エ、オより、（30以上，市外，男）をxとすると、（30未満，市内，女）
は$2x$、（30未満，市外，女）は$2x-42$と表せます。残る部分は図のよう
に$a \sim e$とし、求める部分に色を付けます。

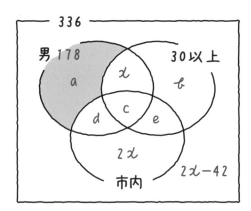

　全体で336ですから、**女子の合計は336－178＝158**で、これと条件イ
より次のようになります。

女子の合計　→　$b + e + 2x + (2x - 42) = 158$ ……………………①
条件イ　→　$b + e = 64$ ……………………………………②
①に②を代入　→　$64 + 2x + 2x - 42 = 158$
$4x = 136$　　∴$x = 34$

また、**男子の合計**と**条件ウ**より、次のようになります。

男子の合計　→　$a + x + c + d = 178$ ……………………………③
条件ウ　→　$c + d = x + 68$ …………………………………④
④に$x = 34$を代入　→　$c + d = 34 + 68 = 102$ ……………………⑤
③に$x = 34$と⑤を代入　→　$a + 34 + 102 = 178$
$∴a = 42$

よって、**求めるaは42人**となり、**選択肢5**が正解です。

No4

　ある企業の採用説明会に、大学生52人、既卒生48人の合計100人が集まった。このうち、眼鏡をかけている者が39人、女性が57人いた。また、大学生で眼鏡をかけていない女性が24人、既卒生で眼鏡をかけている女性が18人、既卒生で眼鏡をかけていない男性が16人、大学生で眼鏡をかけている男性が10人いた。このとき、大学生で眼鏡をかけていない男性の人数として、最も妥当なのはどれか。

1　8人　　**2**　9人　　**3**　10人　　**4**　11人　　**5**　12人

東京消防庁Ⅰ類　2013年度

この問題は **本問も、ベン図に情報を整理する問題です。**

解くための下ごしらえ

全体→100人

大学生と既卒生　眼鏡をかけている、いない　女性と男性

大学生→52人　既卒生→48人　眼鏡→39人　女性→57人

（大，眼鏡なし，女）→24人

（既，眼鏡，女）→18人

（既，眼鏡なし，男）→16人

（大，眼鏡，男）→10人

（大，眼鏡，男）は？

 目のつけ所

　これまでの問題と同様に、3つの項目でベン図を描き、わからないところを文字において式を立てましょう。

 　　正解は **5**　　　

大学生、眼鏡、女性でベン図を作成し、条件を記入します。

残る部分は図のように $a \sim d$ とし、求める部分に色を付けます。

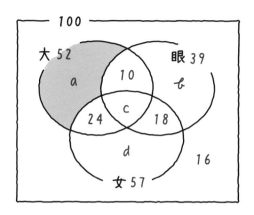

それぞれの**ベン図の合計**と、**全体の合計**から次のようになります。

大学生の合計　→　$a + c + 10 + 24 = 52$
　　　　　　　→　$a + c = 18$ ………………………………①
眼鏡の合計　→　$b + c + 10 + 18 = 39$　→　$b + c = 11$…………②
女性の合計　→　$c + d + 24 + 18 = 57$　→　$c + d = 15$…………③
全体の合計　→　$a + b + c + d + 10 + 24 + 18 + 16 = 100$
　　　　　　　　　　　→　$a + b + c + d = 32$………………④

①＋②＋③－④より、$2c = 12$　　　∴$c = 6$
$c = 6$を①、②、③に代入　→　$a = 12$、$b = 5$、$d = 9$

よって、求めるaは**12人**となり、選択肢5が正解です。

No.5

ある会議に出席する予定の男女50人が昼食の弁当を注文した状況について調べたところ、次のア～ウのことが分かった。

ア　和風弁当を注文した女性の人数は、洋風弁当を注文した女性の人数の3倍であった。

イ　洋風弁当を注文した男性の人数は、洋風弁当を注文した女性の人数より4人多かった。

ウ　和風弁当を注文した男性の人数と、洋風弁当を注文した男性の人数は同じであった。

以上から判断して、洋風弁当を注文した女性の人数として正しいのはどれか。ただし、出席予定者は、和風弁当又は洋風弁当のうちいずれか一つを選ぶことができ、全ての出席予定者が弁当を注文した。

1 5人　　**2** 6人　　**3** 7人　　**4** 8人　　**5** 9人

東京都Ⅰ類B　2015年度

この問題は　表などに情報を整理する問題です。

解くための下ごしらえ

全体→50人

男性と女性　和風と洋風

(和, 女) → (洋, 女)×3

(洋, 男) → (洋, 女)＋4

(和, 男)＝(洋, 男)

(洋, 女) は？

 　　　　　正解は **3**

　洋風弁当を注文した女性の人数を x 人とすると、条件アより、和風弁当を注文した女性の人数は $3x$ 人と表せます。

　また、条件イ、ウより、洋風弁当を注文した男性と和風弁当を注文した男性はともに $x+4$（人）と表せ、表のように整理します。

	男性	女性
和風	$x+4$	$3x$
洋風	$x+4$	x
計	$2x+8$	$4x$

これより、人数の合計（50人）で次のように方程式を立てます。

$$2x+8+4x=50$$
$$6x=42 \qquad \therefore x=7$$

よって、求める人数は 7 人で、選択肢 3 が正解です。

No6

あるテレビ番組のクイズ大会に参加したＡ大学およびＢ大学の計100人の学生について、出題された第１問及び第２問の２題のクイズへの解答状況を調べたところ、次のア～カのことが分かった。

ア　クイズ大会に参加したＡ大学の学生の人数は、36人であった。

イ　第１問を正解したＢ大学の学生の人数は42人であった。

ウ　第１問が不正解であったＡ大学の学生の人数は、13人であった。

エ　第１問が不正解であった学生の人数と第２問が不正解であった学生の人数との和は、延べ78人であった。

オ　第２問を正解した学生の人数は、Ｂ大学の学生がＡ大学の学生より７人多かった。

カ　クイズ大会に参加した学生の全員が、第１問及び第２問の２題のクイズに答えた。

以上から判断して、第２問が不正解であったＢ大学の学生の人数として、正しいのはどれか。

1　28人　　**2**　29人　　**3**　30人　　**4**　31人　　**5**　32人

東京都Ⅰ類Ｂ　2016年度

この問題は　**本問も、表などに情報を整理する問題です。**

　解くための下ごしらえ

全体→100人

Ａ大学とＢ大学　第１問と第２問　正解と不正解

Ａ→36人

（１〇，Ｂ）→42人

186

(1×, A) →13人
(1×)+(2×)=78人
2○→B＝A＋7
(2×, B) は？

 目のつけ所

　本問は、項目が３つありますのでベン図の出番のようにも見えます。し
かし、ベン図は内側と外側に分けられるような分類（A大生のベン図なら、
内側がA大生、外側がB大生）ができなければいけません。ところが、「第
１問と第２問」はいずれかを選んだわけではなく、全員が両方を解答して
おり、それぞれについて正解と不正解があります。これでは３枚のベン図
で情報を整理することはできませんね。

　このようなときは、情報をどう整理するか普通に考えてみましょう。今
回は１つの表に整理すると複雑になりますので、第１問と第２問、あるい
はA大とB大に表を分けて情報を整理するとすっきりしますよ。

 正解は **5**

　第１問、第２問のそれぞれで、A大学、B大学の正解と不正解の人数を
表に整理します。条件アより、参加者は、A大学は36人、B大学は100－
36＝64（人）ですから、第１問について、条件イ、ウより、次のように
なります。

第１問

	A 大学	B 大学	計
正解		42	
不正解	13		
計	36	64	100

正解と不正解の人数を合わせると参加者数になりますので、第1問については次表のように判明しますね。

第1問

	A 大学	B 大学	計
正解	23	42	65
不正解	13	22	35
計	36	64	100

これより、第1問が不正解なのは35人ですから、条件エより、第2問が不正解なのは、78−35＝43（人）で、第2問が正解だったのは、100−43＝57（人）とわかります。ここから、第2問について、次のように表に整理します。

第2問

	A 大学	B 大学	計
正解			57
不正解			43
計	36	64	100

ここで、条件オより、正解者の57人を7人差になるよう分けます。和差算（12ページ参照）を使って、A大学は、（57−7）÷2＝25人、B大学は25＋7＝32（人）となり、ここから、不正解の人数も次表のようにわかります。

第2問

	A 大学	B 大学	計
正解	25	32	57
不正解	11	32	43
計	36	64	100

これより、求める人数は32人で、選択肢5が正解です。

第9章
数　列

No 1

1から200までの自然数のうち、5で割り切れない自然数をすべて足した数として、最も妥当なのはどれか。

1 15,000 　**2** 16,000 　**3** 17,000

4 18,000 　**5** 19,000

東京消防庁Ⅰ類　2020年度

この問題は　**等差数列の問題です。**

解くための下ごしらえ

1〜200の自然数
5で割り切れない自然数の和は？

目のつけ所

　5で割り切れない自然数は、1、2、3、4、6、7、……となり、これの和を力ずくで計算すると、試験時間がなくなってしまいます。

　ここは、もちろん、5で割り切れるほうの和を求め、1〜200の総和から引いて計算します。

　等差数列の和の公式の出番ですが、この公式は重要ですから、使いこなせるようにしておきましょう。

190

正解は **2**

　1 ～ 200のうち、5 で割りきれる自然数の和を計算して、1 ～ 200の総和から引きます。

　まず、1 ～ 200の和ですが、次のような計算になりますね。

$$1+2+3+4+ \quad \cdots \quad +199+200$$

　この数字の並びは、1 ずつ増えていきますので、隣どうしの間隔が 1 である「公差 1」の「等差数列」となります。初項（最初の数字）は 1、末項（最後の数字）は200で、項数（数字の個数）は200ですから、その和は**等差数列の和の公式**より次のようになります。

> 🦥 **公式！**
>
> 等差数列の和
> ＝（初項＋末項）×項数÷2

$$(1+200) \times 200 \div 2 = 20100 \quad \cdots ①$$

　同様に、5 で割りきれる数（5 の倍数）の和は、次のような計算になります。

$$5+10+15+20+ \quad \cdots \quad +195+200$$

　こちらは、5 ずつ増える**公差 5 の等差数列**で、初項は 5、末項は200、項数は200÷5＝40ですから、その和は次のようになります。

$$(5+200) \times 40 \div 2 = 4100 \quad \cdots ②$$

　これより、求める数は、①－②より、20100－4100＝16000となり、選択肢 2 が正解です。

図のように、円を1本の直線で仕切ると、円が分割される数は2である。円を6本の直線で仕切るとき、円が分割される数のうち、最大の数はどれか。

1　18
2　19
3　20
4　21
5　22

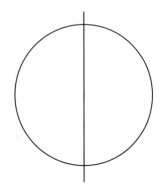

東京都 I 類 B　2008 年度

この問題は　**等差数列と階差数列の問題です。**

解くための下ごしらえ

円を6本の直線で仕切る
分割される最大数は？

目のつけ所

　まず、1本の線で2つに分割され、さらに2本目の線は1本目の線と交わるように引くと4つに分割されます。3本目の線は？　同様に他の線と交わるように引けば分割される数は大きくなりますね。4本目くらいになるとうまく書けないと思いますが、理屈は同じです。そうすると、あとは、その**規則性**を考えてみましょう。6本書いてみようとか考えてはいけませんよ。

 正解は **5**

　1本目の線で円は2つに分割されます。2本目の線は、図1のように仕切ると、分割は1つ増えるだけですが、図2のように、**1本目と交わらせると2つ増えて4つに分割できます。**

　そうすると、3本目の線も同様に、1、2本目と交わらせると、図3のように**3つ増えて7つに分割できます。**

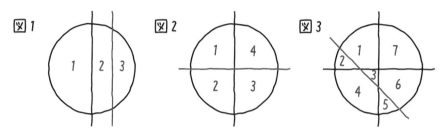

　ここから先は、図を描くのは大変ですが、同じ理屈で考えると、4本目も1～3本目と交わらせることで4つ増え、5本目でさらに5つ増え、6本目で6つ増えて、分割の数は次のようになるとわかります。

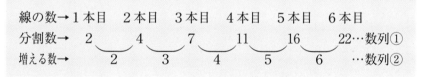

　よって、6本で仕切ったときの分割の**最大数は22**で、選択肢5が正解です。

　ちなみに、分割数を並べた数列①に対して、増える数を並べた数列②は、数列①の隣どうしの項の差を並べた「**階差数列**」になります。

　そして、その数列②は、「1、2、3、…」と、1ずつ増えていく、**公差1の等差数列**ですね。

　数列の第n項は、初項に階差数列の第$n-1$項までの和を足して求めることもできます。本問の場合、数列①の第6項は、**初項（2）**に、階差数列（数列②）の**第5項までの和**を足して、$2+(2+3+4+5+6)=2+20=22$と求めることができます。

等差数列の和は公式を使って計算できますので、本問のように、6本程度ならこの解説のように数えてしまったほうが早いですが、もっと本数が多いときは計算で求めたほうがいいでしょう。

下図のように、白と黒の碁石を交互に追加して正方形の形に並べていき、最初に白の碁石の総数が120になったときの正方形の一辺の碁石の数として、正しいのはどれか。

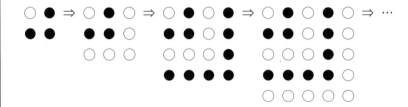

1 11　　**2** 13　　**3** 15　　**4** 17　　**5** 19

東京都Ⅰ類B　2015 年度

この問題は　**本問も、等差数列と階差数列の問題です。**

 **解くための下ごしらえ**

碁石を交互に追加→正方形を作る
白の碁石が120になる
正方形の1辺の碁石の数は？

目のつけ所

　まず、1辺の碁石の数と白の碁石の総数を書き出してみましょう。与えられた図の分だけで規則性がわからなければ、もう少し碁石を追加してみるといいですね。丁寧に書かなくても、数えられれば十分です。

　規則性がわかったら、あとは120になるときを探すだけです。ここは、選択肢を手掛かりにするといいでしょう。

 　正解は **3**

　白の碁石が並べられるのは、正方形の1辺の碁石の数が奇数の時なので、与えられた図からわかる範囲で書き上げると次のようになります。

1辺の碁石の数→	1	3	5	
白の碁石の総数→	1	6	15	……………………数列①

　また、1辺の碁石が7個になると、新たに並べられる白の碁石の数は、図のように、たてに7個、よこに7個で1個重複しますから7+7−1=13、同様に、1辺が9個になると9+9−1=17のように増え、ここまでの数列①と階差数列②を書き上げると次のようになります。

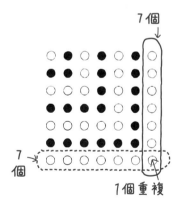

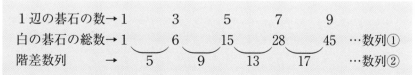

1辺の碁石の数→	1		3		5		7		9	
白の碁石の総数→	1		6		15		28		45	…数列①
階差数列 →		5		9		13		17		…数列②

ここから、階差数列は、順に4ずつ増えていく「公差4」の等差数列とわかります。

　これより、**数列①**が「120」になるときを探しますが、選択肢を見ると、1辺の碁石の数が「11」、すなわち、「9」の次から始まっていますので、**上の数列の続きを確認します。**

選択肢1

　1辺の碁石が11になると、数列②はさらに4増えて、17＋4＝21になり、数列①は、45＋21＝66となります。

選択肢2

　1辺の碁石が13になると、数列②は21＋4＝25、数列①は、66＋25＝91となります。

選択肢3

　1辺の碁石が15になると、数列②は25＋4＝29、数列①は、91＋29＝120となり、ここで条件を満たします。

　よって、選択肢3が正解です。

ありません

No.4

次のア～エは、それぞれ一定の規則により並んだ数列であるが、空欄A～Dにあてはまる4つの数の和として、正しいのはどれか。

ア　1，5，13，［　A　］，61，……

イ　2，8，44，260，［　B　］，……

ウ　3，11，43，［　C　］，683，……

エ　4，14，42，88，［　D　］，……

1　1908　　**2**　1918　　**3**　1928　　**4**　1938　　**5**　1948

東京都Ⅰ類B　2012年度

この問題は　**本問も、等差数列と階差数列の問題です。**

解くための下ごしらえ

ア～エの数列
A～Dの和は？

目のつけ所

それぞれの数列の規則性を考えます。順番としては、まず、等差数列になっているか？　NOなら、次は、等比数列（1，2，4，8…のように、順に○倍になる数列）になっているか？　それもNOなら、次は、階差を並べて、**階差数列**を考えることになります。

解説

正解は **1**

ア 次のように、数列の階差を取ります。

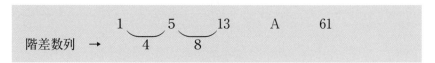

階差数列 →

$$1 \underset{4}{} 5 \underset{8}{} 13 \qquad A \qquad 61$$

第3項「13」→第5項「61」の増加数は61−13＝48なので、これを満たすよう階差数列を推理します。

階差数列が等差数列と仮定すると、4→8で**公差4**ですから、「4、8、12、16、…」となり、第3項→第5項の増加数は12＋16＝28で**不適**です。また、等比数列と仮定すると、4→8で2倍ですから**公比2**で「4、8、16、32、…」となり、第3項→第5項の**増加数は16＋32＝48**で条件を満たします。

これより、**A＝13＋16＝29**となります。

イ 同様に階差を取ります。

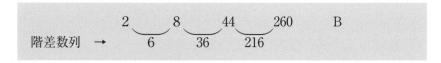

階差数列 →

$$2 \underset{6}{} 8 \underset{36}{} 44 \underset{216}{} 260 \qquad B$$

階差数列は**公比6の等比数列**となり、「216」の次は216×6＝1296ですから、**B＝260＋1296＝1556**となります。

ウ 同様に階差を取ります。

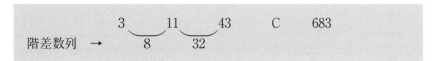

階差数列 →

$$3 \underset{8}{} 11 \underset{32}{} 43 \qquad C \qquad 683$$

階差数列が等比数列と仮定すると、8→32で**公比4**ですから「8、32、128、512、…」となり、**128＋512＝640**で、第3項「43」→第5項「683」

の差と一致します。

　これより、C＝43＋128＝171となります。

エ　同様に階差を取ります。

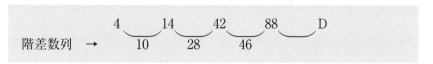

階差数列　→

　階差数列は**公差18の等差数列**となり、「46」の次は46＋18＝64ですから、D＝88＋64＝152となります。

　以上より、A〜Dの和は、29＋1556＋171＋152＝1908となり、選択肢1が正解です。

No.5

　ある規則性をもつ次のような数列がある。

　$\dfrac{2}{3}$　$\dfrac{1}{2}$　$\dfrac{4}{9}$　$\dfrac{5}{12}$　$\dfrac{2}{5}$ ‥‥‥

　この数列の第n項において、はじめて$\dfrac{8}{23}$が現れるとき、

nの値として、最も妥当なのはどれか。

1 21　　**2** 22　　**3** 23　　**4** 24　　**5** 25

警視庁Ⅰ類　2016年度

　この問題は　**規則性を考える問題です。**

解くための下ごしらえ

分数の数列

はじめて$\dfrac{8}{23}$が現れる第n項は？

目のつけ所

　　分数そのものの変化を見ても規則性はよくわかりませんね。では、階差を取ろうとか思うとこれは大変です。このようなときは、分子は分子だけで、分母も分母だけで並び方を考えてみてください。そこで規則性が発見できたらいいですね。

　　ただ、分数は約分ができることも忘れないでくださいよ。

　　　　正解は $\underline{\mathbf{3}}$

　　まず、分子のみの数列を考えると、2、1、4、5、2、…、となりますが、約分されている可能性がありますので、2→○→4→5の並び方に着目し、○＝3と推測します。

　　これに従って、第2項を$\dfrac{1}{2}=\dfrac{3}{6}$と書き直すと、分母のみの数列は、3、6、9、12、…と3の倍数が並びますので、第5項も$\dfrac{2}{5}=\dfrac{6}{15}$と書き直すと、次のようにきれいに並ぶことがわかります。

$$\begin{array}{ccccc} \dfrac{2}{3} & \dfrac{3}{6} & \dfrac{4}{9} & \dfrac{5}{12} & \dfrac{6}{15} \\[2mm] & \downarrow & & & \downarrow \\[2mm] & \dfrac{1}{2} & & & \dfrac{2}{5} \end{array}$$

これより、$\frac{8}{23}$ について考えると、分母は3の倍数になるはずですから、分子分母とも3倍してみると、$\frac{8}{23} = \frac{24}{69}$ となります。分子の数列の初項は2ですから、「24」は第23項で、分母の数列でも「69」は23番目の3の倍数ですから、この分数が最初に現れるのは第23項と確認できます。

よって、選択肢3が正解です。

No.6

次の数列で第40項の数はいくらか。

$$1 \quad 2 \quad 3 \quad 3 \quad 4 \quad 5 \quad 4 \quad 5 \quad 6 \quad 7 \quad 5$$
$$6 \quad 7 \quad 8 \quad 9 \quad 6 \quad 7 \quad \cdots$$

1 12　　**2** 13　　**3** 14　　**4** 15　　**5** 16

 この問題は ▸ **本問も、規則性を考える問題です。**

 ## 解くための下ごしらえ

数列の第40項は？

 ## 目のつけ所

　一桁の数字がずっと並んでいますね。階差を取ってもどうしようもないこともわかります。でも、何となく後ろに行くほど数字は大きくなっている感じですね。求める第40項は2桁の数であることも選択肢からわかります。

さて、規則性は１つずつの数字に変化があるとは限りません。グループで並んでいることもありますので、どこか気になる変化を示す場所で区切って考えてみましょう。

 解説　　　正解は **1**

数が１ずつ増えているところが多いですが、そうでないところもありますので、ここに着目し次のように色を付けてみます。

| 1 | 2 | 3 | 3 | 4 | 5 | 4 | 5 | 6 | 7 |

3個　　　　　　4個

| 5 | 6 | 7 | 8 | 9 | 6 | 7 | … |

5個

色の付いた数字は、 ３→４→５→６…と増えていき、「３から始まって３個」「４から始まって４個」…という規則性に従っていると推測すると、一番初めは「１から始まって１個」「２から始まって２個」となり、次のようにグループ分けをすることができます。

（1）（2　3）（3　4　5）（4　5　6　7）（5　6　7　8　9）
（6　7　8　9　10　11）…

これより、第40項の属するグループを探すため、そのすぐ前のグループが第何項で終わっているかを考えます。

各グループの項の数は、１個、２個、３個…なので、その合計で40に最も近いのは、1＋2＋3＋4＋5＋6＋7＋8＝36ですから、第40項を含むグループは、「９から始まって９個」のグループ（9　10　11　12　13…17）の40－36＝4（番目）である「12」とわかります。

よって、選択肢１が正解です。

第**10**章

仕事算

No.1

A、Bの2人では25分、B、Cの2人では30分で仕上がる仕事がある。この仕事をA、B、Cの3人で10分作業をした後、Bだけが22分作業をして仕上がった。この仕事をBが1人で仕上げるのに要する時間はどれか。

1 44分　　**2** 45分　　**3** 46分　　**4** 47分　　**5** 48分

特別区Ⅰ類　2018年度

この問題は　**全体の仕事量を1として解く問題です。**

解くための下ごしらえ

A、B→25分　　B、C→30分
A、B、Cで10分→Bが22分
B1人でかかる時間は？

目のつけ所

　仕事算の問題のほとんどは、具体的な仕事量の数値が与えられていませんので、適当な数を基準において考えることになります。

　本問は、全体の仕事にかかる時間が与えられていますので、全体の仕事量を1とおくと、時間当たりの仕事量を表すことができます。

　AとB、BとCそれぞれで1分あたりのできる仕事量を合わせると、A＋B＋B＋C＝(A＋B＋C)＋Bで1分あたりにできる仕事量がわかります。まず、この組合せで10分間でできる仕事量を考えてみましょう。

正解は **2**

全体の仕事量を 1 と置き、A 〜 C の 1 分当たりの仕事量を a 〜 c とすると、条件より次のようになります。

$$a + b = \frac{1}{25} \quad \text{……………………………………………①}$$

$$b + c = \frac{1}{30} \quad \text{……………………………………………②}$$

①＋②より、
$$a + 2b + c = \frac{1}{25} + \frac{1}{30}$$
$$= \frac{6+5}{150} = \frac{11}{150} \quad \text{………………………③}$$

これより、A、B、C の 3 人で 10 分作業し、さらに、B が 10 分作業したところまでに仕上がった仕事量は次のように求められます。

$$10(a + b + c) + 10b = 10a + 10b + 10c + 10b$$
$$= 10(a + 2b + c) \quad \text{……………………④}$$

④に③を代入して、$10 \times \frac{11}{150} = \frac{11}{15}$ ……………⑤

そうすると、ここから、B がさらに 22−10＝12（分）作業して全体の仕事が仕上がったわけですから、B の 12 分間の仕事量は $1 - \frac{11}{15} = \frac{4}{15}$ となり、B の 1 分当たりの仕事量は次のようになります。

$$\frac{4}{15} \div 12 = \frac{4}{15} \times \frac{1}{12} = \frac{1}{45}$$

これより、B は 1 分当たり $\frac{1}{45}$ の仕事を行うので、B が 1 人で仕上げるのに要する時間は **45分**とわかり、選択肢 2 が正解です。

No.2

　ある作業を行うのに、機械Ａ１台では45日かかり、機械Ｂ１台では120日かかる。いま、機械Ａ、Ｂをそれぞれ何台かレンタルしてこの作業を行ったところ、ちょうど３日間で終わった。機械Ａ、Ｂの１台１日あたりのレンタル料金は、それぞれ３万円、１万円で、合計で126万円を支払ったとすると、機械Ｂをレンタルした台数はいくらか。ただし、消費税は考えないものとする。

1　8台　　**2**　12台　　**3**　16台　　**4**　20台　　**5**　24台

この問題は　**全体の仕事量を１とおいて方程式を立てる問題です。**

 解くための下ごしらえ

Ａ１台→45日　Ｂ１台→120日
Ａ、Ｂ何台かで作業→３日で終了
Ａ→３万円　Ｂ→１万円
レンタル料→126万円
Ｂの台数は？

 目のつけ所

　全体の作業量を１とおくと、Ａ、Ｂそれぞれが１日でできる作業量を表せます。求める台数を文字におくと、３日間で１だけの作業を終えることから方程式が立ちますね。
　そして、本問はもう１つ、レンタル料で方程式を立てることもできますから、文字は２つあっても大丈夫ですね。

解説　　　正解は **5**

全体の作業量を 1 とすると、機械 A、B の 1 台 1 日当たりの作業量はそれぞれ $\frac{1}{45}$、$\frac{1}{120}$ と表せます。機械 A を a 台、機械 B を b 台レンタルしたとすると、1 日当たりの作業量と 3 日間のレンタル料金の合計より、次のような方程式が立ちます。

$$\frac{1}{45}a + \frac{1}{120}b = \frac{1}{3} \quad\cdots\cdots\cdots\cdots\cdots\cdots\cdots\cdots\cdots\cdots\cdots\cdots\text{①}$$

$$(3a + b) \times 3 = 126 \quad\cdots\cdots\cdots\cdots\cdots\cdots\cdots\cdots\cdots\cdots\cdots\cdots\text{②}$$

①×360 より、$8a + 3b = 120$ $\cdots\cdots\cdots\cdots\cdots\cdots\cdots\cdots$①′

②より、$9a + 3b = 126$$\cdots\cdots\cdots\cdots\cdots\cdots\cdots\cdots\cdots\cdots$②′

②′−①′より、$a = 6$

①′に $a = 6$ を代入して、$48 + 3b = 120$

　　　　　　　　$3b = 72$　　　∴ $b = 24$

よって、機械 B は **24台** となり、選択肢 5 が正解です。

No.3

　ある仕事をAとBで行うのに、同じ時間でできる仕事の能力の比は、Ａ：Ｂ＝２：３である。いま、２人でこの仕事を９日間行ったところ、全体の仕事量の６割が完了した。しかし、その後、Ｂがけがをしてしまい治療のため２日間休み、その後仕事に復帰したが、能力は以前の半分になってしまった。Ａは１日も休むことなく、Ｂも復帰してから休まずに仕事をしたとすると、この仕事がすべて完了したのは始めてから何日目か。

1　17日目　　**2**　18日目　　**3**　19日目
4　20日目　　**5**　21日目

この問題は　**単位当たりの仕事量を基準におく問題です。**

　解くための下ごしらえ

同じ時間→Ａ：Ｂ＝２：３
２人で９日間→全体の６割
Ｂ→２日休む→その後は能力が半分
すべて完了したのは何日目？

目のつけ所

　全体の仕事量を１と置いて解くこともできますが、その場合は、全体の

６割＝$\frac{6}{10}$を９日で割って、さらに、２：３に分けて、ＡとＢの１日当たり

の仕事量を表すという、やや面倒な計算をすることになりますね。しかし、ＡとＢの能力比が与えられているわけですから、これを使って、１日当たりの仕事量を、Ａが２、Ｂが３とおいたほうが計算は楽です。

　何をいくらにおくかは自由ですから、楽な方を選んだほうが早く解けますし、計算ミスも少なくなるでしょう。

 正解は **3**

　条件より、Ａ、Ｂの１日当たりの仕事量を、それぞれ２、３とすると、２人合わせて１日で2＋3＝5の仕事ができます。

　そうすると、２人で９日間行ったところで、5×9＝45の仕事が完了しており、これが全体の６割に当たるわけですから、残りの４割は45×$\frac{4}{6}$＝30となります。

　このあと、Ｂが休んだ２日間で、Ａが2×2＝4の仕事をしていますので、残りは30－4＝26となります。しかし、ここからＢの能力は、３の半分の1.5になり、２人合わせて2＋1.5＝3.5の仕事しかできませんので、26÷3.5≒7.4より、終わるのは８日目になります。

　よって、仕事を始めてから、9＋2＋8＝19（日目）に完了とわかり、選択肢３が正解です。

ある作業をＡとＢの２人で行うと、Ａ１人で行うより９時間早く終わり、Ｂ１人で行うより25時間早く終わる。この仕事をＢ１人行うと何時間かかるか。

1　24時間　　**2**　28時間　　**3**　32時間

4　36時間　　**5**　40時間

この問題は｜**比を使って解く定番問題です。**

解くための下ごしらえ

ＡとＢで行う→Ａ１人より９時間早い

　　　　　→Ｂ１人より25時間早い

Ｂ１人だと何時間？

目のつけ所

　過去に何度も出題されている定番問題で、「速さ」の題材でも同様の問題がよく出ています（第６章No.7参照）。まずは、ＡとＢの２人で行った時の時間を文字（xなど）においてみましょう。「９時間」や「25時間」は何を意味するでしょうか？

正解は **5**

　2人で行うときにかかる時間をx時間とし、A、Bそれぞれがx時間で行う仕事量を①、②として図1のように表します。

図1

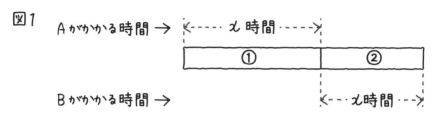

　Aが1人で行う場合、Bがx時間で行う仕事もAが行うことになり、Aはここに9時間かかることになります。

　同様に、Bが1人で行う場合、Aがx時間で行う仕事をBが行うのに25時間かかることになり、図2のようになります。

図2

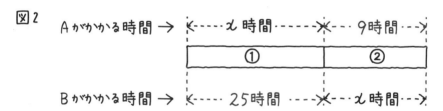

　これより、**①の仕事量：②の仕事量**について、A、Bそれぞれがかかる**時間の比**で、次のような方程式が立ちます。

$x : 9 = 25 : x$
外項の積＝内項の積より、$x^2 = 9 \times 25 = 3^2 \times 5^2$
$\therefore x = 3 \times 5 = 15$

　よって、**2人で行うと15時間かかる**ので、B1人で行うと15＋25＝40（時間）かかるとわかり、選択肢5が正解です。

第11章
ニュートン算

空の水槽にホースを使って給水をするが、排水栓が壊れており常に一定量の水が排水される。ホースを3本使って給水すると30分で満水の状態になり、ホースを8本使って給水すると10分で満水の状態になる。この水槽を6分で満水の状態にするにはホースを何本使えばよいか。ただし、ホース1本の給水能力はいずれも一定であるとする。

1 12本　　**2** 13本　　**3** 14本　　**4** 15本　　**5** 16本

この問題は ニュートン算の典型的な問題です。

解くための下ごしらえ

常に一定量の水が排水される水槽
ホース3本→30分
ホース8本→10分
6分→ホースは何本？

目のつけ所

　ホース1本の1分あたりの給水量を1とすると、「3本×30分＝90」と「8本×10分＝80」は一致しませんね。その理由はもちろん、常に一定量の水が排水されているからです。給水の時間がかかるほど排水量も多いので、その分だけ給水量も多くなるわけです。

　このような問題をニュートン算といい、この一定の排水量の分だけ、最初の仕事（満水にする）に追加されるのが特徴です。「最初の仕事量＋追加される仕事量＝トータルの仕事量」で式を立ててみましょう。

本問は、具体的な仕事量の数値は与えられていませんので、仕事算と同様に、適当な基準を 1 などにおくことができますよ。

正解は **2**

満水の量を x、排水栓からの1分あたりの排水量を y とし、1 本のホースから 1 分間に給水される量を 1 とすると、**ホース 3 本で30分間に給水される量**について、次のような方程式が立ちます。

$$x + 30y = 3 \times 30$$
$$x + 30y = 90 \quad \cdots\cdots ①$$

同様に、**ホース 8 本で10分間に給水される量**について、次のような方程式が立ちます。

$$x + 10y = 8 \times 10$$
$$x + 10y = 80 \quad \cdots\cdots ②$$

①－②より、$20y = 10$ 　　　$\therefore y = 0.5$
①に $y = 0.5$ を代入して、$x + 30 \times 0.5 = 90$
$\therefore x = 90 - 15 = 75$

ここで、ホース z 本で 6 分で満水になるとすると、次のような方程式が立ちます。

$$x + 6y = 6z$$
$x = 75$、$y = 0.5$ を代入して、$75 + 6 \times 0.5 = 6z$
$6z = 78$ 　　$\therefore z = 13$

よって、**13本のホース**を使うことになり、選択肢 2 が正解です。

No.2

　ある動物園のチケット売り場では、開場時にすでに行列ができ
ており、その後も 1 分間に 6 人が行列に加わる。窓口を 2 つ開け
ると10分で行列がなくなり、窓口を 3 つ開けると 6 分で行列がな
くなるとすると、最初の行列に並んでいたのは何人か。ただし、
1 つの窓口が 1 分間で処理する人数はどの窓口も同じで常に一定
である。

1　120人　　**2**　140人　　**3**　160人　　**4**　180人　　**5**　200人

この問題は　本問も、ニュートン算の典型的な問題です。

解くための下ごしらえ

1 分間に 6 人行列に加わる
窓口 2 つ→10分
窓口 3 つ→ 6 分
最初の行列は何人？

目のつけ所

　本問は、追加される仕事量が 1 分あたり「6 人」と与えられていますので、
No.1 のように、適当に 1 とおくわけにはいきません。与えられた数値に従っ
て、No.1 と同じように式を立ててみましょう。

 正解は **4**

最初の行列の人数を x 人、1つの窓口が1分間で処理する人数を y 人とすると、窓口2つで10分間に行った仕事量について、次のような方程式が立ちます。

ポイント！

本問は、「6人」という「具体的な仕事量」があるので、適当な数を「1」とかにはできません。

$$x + 6 \times 10 = 2y \times 10$$
$$x + 60 = 20y \quad \cdots\cdots\cdots\cdots\cdots ①$$

同様に、窓口3つで6分間に行った仕事量について、次のような方程式が立ちます。

$$x + 6 \times 6 = 3y \times 6$$
$$x + 36 = 18y \quad \cdots\cdots\cdots\cdots\cdots\cdots\cdots\cdots\cdots\cdots\cdots\cdots ②$$

①$-$②より、$2y = 24$　　　$\therefore y = 12$
①に $y = 12$ を代入して、$x + 60 = 20 \times 12$
　　　　　　　　　　　$\therefore x = 240 - 60 = 180$

よって、**最初の行列は180人**となり、選択肢4が正解です。

No 3

　ある貯水池では、一定の割合で水が湧き出ている。1分間に12t
の排水能力を持つポンプAを5台使うと3時間で、1分間に18tの
排水能力を持つポンプBを4台使うと1時間で貯水池の水がなく
なることがわかっている。ポンプAを2台、ポンプBを1台同時
に2時間動かしたとき、貯水池に残っている水の量として正しい
のはどれか。

1　2250 t　　**2**　2420 t　　**3**　2470 t
4　2520 t　　**5**　2880 t

東京消防庁Ⅰ類　2009年度

 この問題は ニュートン算の少し変わった問題です。

 解くための下ごしらえ

一定の割合で水が湧き出ている貯水池
ポンプA→1分間に12 t　　ポンプB→1分間に18 t
A5台→3時間
B4台→1時間
A2台＋B1台で2時間→残りの水量は？

 目のつけ所

　本問も、具体的な仕事量（水量）が与えられていますので、これに従っ
て式を立てます。
　最後に求めるものが、一般的なニュートン算とちがい、ちょっと変わっ
てますが、貯水池の水量が求められたら、あとは計算するだけですからね。

正解は **4**

　貯水池の水量を x t 、1分間に湧き出ている水量を y t とすると、**ポンプ A 5台で3時間＝180分で排水する量**について、次のような方程式が立ちます。

$$x + 180y = 12 \times 5 \times 180$$
$$x + 180y = 10800 \quad \cdots\cdots\cdots\cdots\cdots\cdots\cdots\cdots\cdots\cdots\cdots\cdots ①$$

　同様に、**ポンプ B 4台で1時間＝60分で排水する量**について、次のような方程式が立ちます。

$$x + 60y = 18 \times 4 \times 60$$
$$x + 60y = 4320 \quad \cdots\cdots\cdots\cdots\cdots\cdots\cdots\cdots\cdots\cdots\cdots\cdots ②$$

　①－②より、$120y = 6480$ 　　　$\therefore y = 54$
　②に $y = 54$ を代入して、$x + 60 \times 54 = 4320$
　　　　　　　　　　　　　$\therefore x = 4320 - 3240 = 1080$

　これより、貯水池の水量は1080 t 、1分間で湧き出る水量は54 t なので、**貯水池の水量と2時間＝120分で湧き出た水量の和**は次のようになります。

$$1080 + 54 \times 120 = 1080 + 6480 = 7560 \text{（t）}$$

　また、ポンプAを2台、ポンプBを1台同時に動かして、**2時間＝120分で排水する量**は以下のようになります。

$$(12 \times 2 + 18) \times 120 = 42 \times 120 = 5040 \text{（t）}$$

　よって、残っている水量は、7560－5040＝2520（ t ）で、選択肢4が正解です。

第12章

n 進法

5進法で表された数2222と3進法で表された数2222との差を6進法で表した数として、最も妥当なのはどれか。

1 542　　**2** 1024　　**3** 1104　　**4** 1142　　**5** 1201

東京消防庁Ⅰ類　2018年度

この問題は　n進法の基本問題です。

 ## 解くための下ごしらえ

5進法の2222
3進法の2222
差を6進法で表すと？

 ## 目のつけ所

　私たちが普段使っている数の表し方は、10で繰り上がる「10進法」です。これに対し、5で繰り上がるのが「5進法」、3で繰り上がるのが「3進法」です。

　いずれも、まず、10進法に変換して差を計算します。そして、それをさらに6進法に変換するという手順になりまね。

正解は **2**

　5進法の位は、小さいほうから、1の位、5の位、5^2の位、5^3の位、となりますので、5進法の2222を10進法に変換すると、次のようになります。

$$2222_{(5)} = 5^3 \times 2 + 5^2 \times 2 + 5 \times 2 + 1 \times 2$$
$$= 250 + 50 + 10 + 2$$
$$= 312$$

同様に、3進法の2222は、次のようになります。

$$2222_{(3)} = 3^3 \times 2 + 3^2 \times 2 + 3 \times 2 + 1 \times 2$$
$$= 54 + 18 + 6 + 2$$
$$= 80$$

　これより、10進法での差は、$312 - 80 = 232$となり、これを6進法に変換します。

　次のように、順に6で割った余りを下から並べて、1024とわかります。

```
6 ) 232
6 )  38 … 4  ↑
6 )   6 … 2  |
      1 … 0  |
```

よって、選択肢2が正解です。

No.2

3進法で1110と表される数と、3進法で11と表される数の積を、4進法で表したものはどれか。

1 2120 **2** 2123 **3** 2130 **4** 2200 **5** 2330

警視庁 I 類 2014年度

この問題は 本問も、n進法の基本問題です。

解くための下ごしらえ

3進法の1110
3進法の11
積を4進法で表すと？

目のつけ所

本問も、まず、それぞれを10進法に変換し、積を計算して4進法に変換しましょう。

正解は **3**

与えられた数をそれぞれ10進法に変換します。

3進法の1110 → $3^3 \times 1 + 3^2 \times 1 + 3 \times 1 + 1 \times 0 = 39$
3進法の11 → $3 \times 1 + 1 \times 1 = 4$

　これより、その積は39×4＝156となり、4進法に変換すると次のように
なります。

$$
\begin{array}{r}
4\ )\ \underline{156} \\
4\ )\ \underline{\ 39} \quad \cdots \quad 0 \\
4\ )\ \underline{\ \ 9} \quad \cdots \quad 3 \\
2 \quad \cdots \quad 1
\end{array}
$$

よって、「2130」となり、選択肢3が正解です。

次の図は、ある一定の規則性にしたがっており、それぞれ図の下の数を示している。

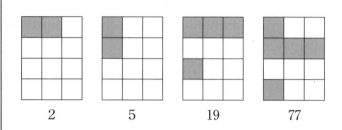

    2   5   19   77

同じ規則性に従うとき、次の図で表された計算式の答えは次のうちどれか。

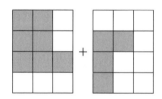

1   **2**   **3**   **4**   **5**

この問題は **n進法の応用問題です。**

解くための下ごしらえ

規則性に従った図
与えられた計算式の答は？

 目のつけ所

　図形の着色部分の規則性で数字を示しているのがわかりますね。このような問題の多くはn進法に従っていますので、まずはこれを疑ってみましょう

　とりあえず、「2」がわかりやすいでしょう。ここから、「1」や「3」は推測できますね。そして、「3」→「4」→「5」の変化を考えてみてください。何進法でしょう？

 　　　　正解は **2**

　各段とも色の部分が左から詰めていること、下の段に色の部分が増えるほどに数が大きくなることに着目して規則性を考えると、次のように、色の部分が4個で下の段に繰り上がる4進法のしくみとわかります。

 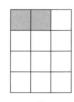 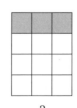 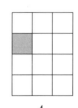 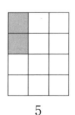

　　1　　　　　2　　　　　3　　　　　4　　　　　5

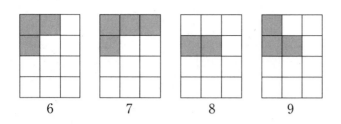

           6   7   8   9

　与えられた「19」と「77」についても次のように確認できます。

「19」を4進法に変換

$$4\,\underline{)\,19}$$
$$4\,\underline{)\ \ 4}\ \cdots\ 3 \ \Rightarrow\ 103\ \Rightarrow$$
$$\qquad\ \ 1\ \cdots\ 0$$

「77」を4進法に変換

$$4\,\underline{)\,77}$$
$$4\,\underline{)\,19}\ \cdots\ 1$$
$$4\,\underline{)\ \ 4}\ \cdots\ 3 \ \Rightarrow\ 1031\ \Rightarrow$$
$$\qquad\ \ 1\ \cdots\ 0$$

　ここから与えられた図の表す数を読み取ると、次のようになります。

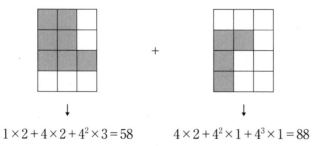

$1 \times 2 + 4 \times 2 + 4^2 \times 3 = 58$　　　$4 \times 2 + 4^2 \times 1 + 4^3 \times 1 = 88$

これより、計算式の答えは58＋88＝146で、これを4進法に直すと次のようになります。

```
4 )  146
4 )   36  …  2
4 )    9  …  0
       2  …  1
```

よって、「2102」となり、色が付くのは下の段から2個、1個、0個、2個で、選択肢2が正解です。

No.4

　ある製品を300個製造し、1個ずつシリアルナンバーを付ける。1個目の製品に「1」、2個目の製品に「2」…のように付けるが、「3」「6」「9」の数字は一切使わないことにする。このとき、最後の300個目の製品に付けられたシリアルナンバーはどれか。

1 515　　**2** 588　　**3** 704　　**4** 755　　**5** 808

この問題は　　**本問も、n進法の応用問題です。**

解くための下ごしらえ

300個にシリアルナンバー
1個目→「1」、2個目→「2」…
「3」「6」「9」の数字は使わない
300個目のナンバーは？

目のつけ所

　一見、*n*進法の問題には見えないかもしれませんが、条件をよく考えてみてください。

　*n*進法は*n*個の数字しか使わないのが特徴です。たとえば、5進法なら、「0」～「4」の5個だけですべての数を表します。

　そして、本問で使える数字は「0」～「9」の10個から「3」「6」「9」の3個を除いた7個ですね。そうすると、仕組みが見えてきませんか？

 **解説**　　　正解は **5**

　0～9の10個のうち「3」「6」「9」の3個を使わないので、その他の**7個の数ですべてのナンバーを表す**ことになりますので、**7進法のしくみ**になります。

　1個目が「1」なので、300個目は10進法だと「300」ですから、まずは、これを7進法に変換すると次のようになります。

```
7 ) 300
7 )  42 … 6
      6 … 0
```

　これより、「606」となりますが、これは0～6の数を使った場合ですので、本問で使う数と対応させると次のようになります。

0～6で表した場合	⇒	0	1	2	3	4	5	6
		↓	↓	↓	↓	↓	↓	↓
3、6、9以外で表した場合	⇒	0	1	2	4	5	7	8

　よって、「606」は「808」となり、選択肢5が正解です。

【著者紹介】

畑中敦子（はたなか・あつこ）

大手受験予備校を経て、1994年度より東京リーガルマインド専任講師として14年間、数的処理の講義を担当。独自の解法講義で人気を博す。

現在、株式会社エクシア出版代表として、公務員試験対策の書籍の執筆、制作などを行っている。

主な著書に『畑中敦子の数的推理ザ・ベスト プラス』『畑中敦子の判断推理ザ・ベスト プラス』『畑中敦子の資料解釈ザ・ベスト プラス』、共著に『畑中敦子×津田秀樹の「数的推理」勝者の解き方 敗者の落とし穴』『畑中敦子×津田秀樹の「判断推理」勝者の解き方 敗者の落とし穴』（いずれも小社刊）などがある。

公務員試験

畑中敦子の「数的推理」
勝者の解き方トレーニング

2020年9月26日初版発行

著者	畑中敦子©
発行人	畑中敦子
発行所	株式会社エクシア出版
	〒101-0031　東京都千代田区東神田2-10-9
印刷・製本所	サンケイ総合印刷
DTP作成	株式会社カイクリエイト
装幀	前田利博（Super Big BOMBER INC.)
カバー・本文イラスト	ひぐちともみ

乱丁・落丁本はお取替え致します。小社宛にご連絡ください。

ISBN 978-4-908804-54-0　Printed in JAPAN

エクシア出版ホームページ　https://exia-pub.co.jp/

Eメールアドレス　info@exia-pub.co.jp